In fremder Erde.
Zur Geschichte und Gegenwart der islamischen Bestattung in Deutschland

■ Herausgegeben von
Gerhard Höpp und Gerdien Jonker

Arbeitshefte 11

 Verlag Das Arabische Buch

Die Deutsche Bibliothek - CIP-Einheitsaufnahme

In fremder Erde: zur Geschichte und Gegenwart der islamischen Bestattung in Deutschland / Zentrum Moderner Orient, Geisteswissenschaftliche Zentren Berlin e.V. Hrsg. von Gerhard Höpp und Gerdien Jonker. - Berlin : Das Arab. Buch, 1996
    (Arbeitshefte / Zentrum Moderner Orient, Geisteswissenschaftliche Zentren Berlin e.V. ; 11)
    ISBN 3-86093-102-4
NE: Höpp, Gerhard [Hrsg.] / Zentrum Moderner Orient <Berlin>: Arbeitshefte

Zentrum Moderner Orient
Geisteswissenschaftliche Zentren Berlin e.V.

Gründungsdirektor:
Prof. Dr. Peter Heine

Prenzlauer Promenade 149-152
13189 Berlin
Tel. 030 / 4797366

ISBN 3-86093-102-4
ARBEITSHEFTE

Bestellungen:
Das Arabische Buch
Horstweg 2
14059 Berlin
Tel. 030 / 3228523

Redaktion und Satz: Margret Liepach

Druck: Druckerei Weinert, Berlin
Printed in Germany 1996

Gedruckt mit Unterstützung der Senatsverwaltung für Wissenschaft, Forschung und Kultur, Berlin

In eigener Sache

Der Forschungsschwerpunkt Moderner Orient hat am 31. Dezember 1995 aufgehört zu bestehen; an diesem Tage endete die vierjährige großzügige und ertragreiche Betreuung durch die Förderungsgesellschaft Wissenschaftliche Neuvorhaben mbH, München. An seine Stelle ist am 1. Januar 1996 das Zentrum Moderner Orient in der Trägerschaft des Vereins Geisteswissenschaftliche Zentren Berlin e.V. getreten. Es ist eines von sechs geisteswissenschaftlichen Zentren, deren Gründung am 11. November 1994 vom Wissenschaftsrat der Bundesrepublik empfohlen worden war. Das Land Berlin hat es ungeachtet seiner aktuellen schwierigen Finanzlage übernommen, drei im genannten Trägerverein verbundene Zentren einzurichten und gemeinsam mit der Deutschen Forschungsgemeinschaft zu fördern, darunter das Zentrum Moderner Orient.

Für das Zentrum ergaben sich aus der neuen Situation gravierende personelle sowie inhaltliche Konsequenzen; für einige Mitarbeiterinnen und Mitarbeiter bedeutete sie das Ende ihrer Beschäftigung, für die anderen die Fortsetzung ihrer Forschungsarbeit in neuen Projekten.

Seit 1993 sind in der vom Forschungsschwerpunkt herausgegeben Reihe neun "Arbeitshefte" erschienen, die die Leistungsfähigkeit seiner Mitarbeiterinnen und Mitarbeiter belegen und die von der wissenschaftlichen Öffentlichkeit mit lebhaftem Interesse aufgenommen wurden. Diese Praxis, Zwischenergebnisse der Forschung zu publizieren, soll und kann in der neuen Trägerschaft fortgesetzt werden; das ermöglichen Mittel der Senatsverwaltung für Wissenschaft, Forschung und Kultur. Vorliegendes Heft ist das erste, das unter den neuen Bedingungen erscheint; es verkörpert zugleich Kontinuität, denn die darin vereinten Beiträge gehen auf eine Tagung aus dem Jahre 1995 zurück. Mögen ihm noch viele andere "Arbeitshefte" folgen.

Peter Heine
Gründungsdirektor

Inhalt

Einleitung   7

Peter Heine: Die Bestattung von Muslimen außerhalb der
islamischen Welt als Problem des islamischen Rechts   11

Gerhard Höpp: Tod und Geschichte oder Wie in Berlin
prominente Muslime bestattet wurden   19

Hartmut Heller: Muslime in deutscher Erde: Frühe Grabstätten
des 14. bis 18. Jahrhunderts   45

Gesa Kokkelink: Islamische Bestattung auf kommunalen
Friedhöfen   63

Yasemin Karakaşoğlu: Die Bestattung von Muslimen
in der Bundesrepublik aus der Sicht türkisch-islamischer
Organisationen   83

Dursun Tan: Wandlungen des Sterbens und der Trauerrituale
in der Migration   107

Gerdien Jonker: Die Totenklage in der Migration:
interkonfessionelle Bewertungen einer traditionsreichen
Praxis   131

Yassine Chaïb: Der Status des Todes in der Migration   147

Autoren/innen

Dr. *Yassine Chaïb*, geb. 1956, Soziologe, Stadtverwaltung Marseille

Prof. Dr. *Peter Heine*, geb. 1944, Arabist und Islamwissenschaftler, Vorderasiatisches Institut der Humboldt-Universität zu Berlin und Zentrum Moderner Orient, Berlin

Dr. *Hartmut Heller*, geb. 1941, Volkskundler, Erziehungswissenschaftliche Fakultät der Universität Erlangen-Nürnberg, Abt. Landes- und Volkskunde

Prof. Dr. *Gerhard Höpp*, geb. 1942, Arabist und Islamwissenschaftler, Zentrum Moderner Orient, Berlin

Dr. *Gerdien Jonker*, geb. 1951, Religionshistorikerin, Amsterdam/Stipendiatin in Berlin

Yasemin Karakaşoglu, M.A., geb. 1965, Turkologin, Fachbereich Erziehungswissenschaften/Interkulturelle Pädagogik der Universität Gesamthochschule Essen

Dipl.-Ing. *Gesa Kokkelink*, geb. 1964, Landschaftsplanerin, Büro des Garten- und Landschaftsarchitekten Dr. Uwe Neumann, Berlin

Dr. *Dursun Tan*, geb. 1960, Soziologe, Institut für Soziologie der Universität Hannover

Einleitung

In der Fremde zu sterben und fern von der Heimat begraben zu werden, galt schon immer als eine tiefe Zäsur. Geschichten, die dies bekunden oder von Versuchen berichten, die oder den Toten an den Herkunftsort zurückkehren zu lassen, gehören zum kulturellen Gedächtnis. Man denke nur an die Schicksale, die in den mesopotamischen Königslisten festgehalten wurden, an Odysseus' Begegnung mit dem toten Elpénor oder an den alttestamentarischen Joseph, der in Ägypten starb und Generationen später noch nach Israel gebracht wurde.

Heute ist der Tod in einem fremden Land auch ein Migrationsproblem par excellence. Die Entscheidung für das Begräbnis in fremder Erde ist ein entscheidender, vielleicht der entscheidendste Schritt im langen Prozeß, sich an das neue Land zu gewöhnen. Wer sich entscheidet, den eigenen Körper darin zu betten, bindet die nachfolgenden Generationen an dieses Stück Erde. Wer die Wahl trifft, seine Toten im fremden Land bei sich zu behalten, erschafft sich endgültig eine neue Heimat und lockert die Bindung an die alte. Schließlich zwingt dieser Schritt zu einer Neuordnung der Vergangenheit: Mit der Eröffnung eines Grabes schlagen die Überlebenden gewissermaßen einen neuen Abschnitt ihrer Geschichte auf, die nunmehr dem neuen Land gehört. Vor allem türkische Muslime, die im Zuge der Arbeitsmigration in den siebziger Jahren nach Deutschland gekommen sind, befinden sich derzeit an diesem Scheideweg. Neunzig bis fünfundneunzig Prozent ihrer Toten wurden bisher in die alte Heimat überführt, um dort bestattet zu werden. Dies, obwohl die Kosten erheblich sind und das islamische Gesetz vorschreibt, die Toten sofort und ohne Umwege zu bestatten. Der gemeinsam empfundene Vorbehalt, in fremder Erde zu enden, wird maßgeblich von der Frage beeinflußt, wie sich Muslime auf nichtislamischem Territorium verhalten sollen. Dem steht ein wachsendes Bewußtsein gegenüber, auch den Toten einen Platz in der neuen Heimat zu bereiten. Die komplexe Problemlage, mit der eine solche Entscheidung zusammenhängt, war Anlaß für den Forschungsschwerpunkt, das nunmehrige Zentrum Moderner Orient, die Arbeitstagung "Sterben und Tod in der Fremde: Islamische Bestattung in Deutschland" zu veranstalten; sie fand am 17. November 1995 in Berlin statt. Der vorliegende Band faßt ihre Ergebnisse zusammen.

Die Praxis der islamischen Bestattung hat in Deutschland eine lange Geschichte. Sie wurde zunächst von Schlachten geprägt: den Kriegen mit den Türken, dem Siebenjährigen Krieg zwischen Preußen und Österreich 1756 bis 1763, der Völkerschlacht bei Leipzig 1813, dem Deutsch-Französischen Krieg 1870/71 sowie den beiden Weltkriegen in diesem Jahrhundert. Sie hinterließen eine heute zuweilen kaum mehr wahrnehmbare Spur, die an die dabei zu Tode gekommenen Muslime erinnert. Aber auch der Aufenthalt muslimischer Gesandter und anderer Diplomaten, Kaufleute und Exilpolitiker hat Spuren hinterlassen: Berliner Grabsteine, Monumente und alte Fotografien dokumentieren ihre friedliche Koexistenz zumindest im Tode.

Zwischen diesen Denkmalen und denjenigen, die das islamische Begräbnis nach 1945 dokumentieren, weitet sich die Spur. Sie wechselt von einer kriegsgeprägten Welt in eine Welt neuer Gegensätze: Die zweite Hälfte dieses Jahrhunderts ist von einer immens wachsenden Mobilität und damit einem außerordentlichen Wachstum der Kommunikationsmedien bestimmt; mit den sozialen und ökonomischen Widersprüchen bestimmen diese den Umfang und die Richtung der nun einsetzenden massenhaften Arbeitsmigration. Im Gegensatz zu den Muslimen der zurückliegenden Jahrhunderte, die zumeist ein individuelles Schicksal hierher geführt hatte, folgt die Arbeitsmigration einem kollektiven Muster, das staatlich und institutionell geprägt wird. Damit ist auch die Problematik zu einer kollektiven geworden, die das Sterben in einem fremden Land den Hinterbliebenen bereitet.

Die hier veröffentlichten Beiträge folgen unterschiedlichen Fährten in die Geschichte und Gegenwart der islamischen Bestattung in Deutschland. Wir haben ihnen den Aufsatz von *Peter Heine* vorangestellt, der verschiedene juristische Aspekte dieses Vorgangs in nichtislamischen Ländern untersucht. Heine analysiert die Antworten eines modernen "Briefkastenmufti", der auf Anfrage Verbote und Gebote des islamischen Gesetzes auf pragmatische Weise zu interpretieren versucht und dabei grundsätzlich zu dem Problem Stellung nimmt, das die Bestattung Muslimen in der Migration bereitet.

Zwei Beiträge erlauben einen reich dokumentierten Einblick in die Geschichte der islamischen Bestattung in Deutschland. *Gerhard Höpp* wendet sich Diplomaten, Geistlichen und Politikern aus islamischen Ländern zu, die zwischen dem 18. Jahrhundert und dem Ende des Zweiten Weltkrieges in Berlin lebten und starben und dort trotz widriger Umstände den Geboten ihrer Religion gemäß begraben wurden. *Hartmut Heller* indessen ruft mit seinem Beitrag über Grabstätten des 14. bis 18. Jahrhunderts in Erinnerung, daß in vielen Fällen, da Muslime in Deutschland ums Leben kamen, ihnen kein islamisches Begräbnis zuteil wurde: Die damals im Krieg Gefallenen wurden auf den Kehricht geworfen, verstümmelt oder bestenfalls in Sammelgräbern verscharrt; nur wenige von ihnen sind, gefangengenommen und zur Taufe angehalten, in Kirchenbüchern und Inschriften auf christlichen Friedhöfen wiederzufinden.

Fünf der acht Beiträge sind der Gegenwart gewidmet. Damit liegt das Gewicht des Bandes auf den Veränderungen, die durch die Arbeitsmigration entstanden sind. *Gesa Kokkelink* und *Yasemin Karakaşoğlu* fächern das Problemfeld auf, das mit der Einrichtung von islamischen Abteilungen auf öffentlichen Friedhöfen in Deutschland für alle Beteiligten entstanden ist: Die amtliche, administrative und rechtliche, Beschäftigung mit dem Tod von Muslimen in der Bundesrepublik steht noch immer vor zahlreichen offenen Fragen, die sich aus der wachsenden Zahl islamischer Begräbnisse ergeben und die mit zunehmender Dringlichkeit einer Antwort harren. Kokkelink weist darauf hin, daß deutsche Stellen islamische Vorschriften für die Grabgestaltung und den Totenkult nicht hinreichend berücksichtigen; das kommt u.a. in den Hygieneanordnungen und fehlenden Feierhallen zum Ausdruck. Karakaşoğlu beleuchtet die zwiespältige Haltung der türkisch-islamischen Organisationen in Deutschland, deren Führer zwischen menschlicher Neigung und religiöser Pflicht hin- und hergerissen sind: Erstere öffnet sich dem Zweifel am gebotenen Verhalten auf nichtislamischem Territorium und besagt, daß man in der alten Heimat noch immer am besten gebettet liegt; letztere hält am religiösen Gebot fest, welche das sofortige Begräbnis am Ort vorschreibt. Die Überführungsfonds, die die meisten Organisationen seit einigen Jahren anbieten, sind angesichts dessen als ein Ausdruck von Zwiespältigkeit, als Zwischenlösung zu betrachten, die ihren Mitgliedern wenigstens die finanziellen Bürden der Rückführung des Leichnams in die alte Heimat erleichtern.

Die Migranten der ersten Generation haben den Tod nicht vorausgesehen; die Vorstellung davon gehörte nicht zum Migrationsziel, und auch später wurde ihr kein Platz eingeräumt: Wen der Tod traf, den traf er unvorbereitet. Seine Zeichen, die Trauer und das Grab, wurden in das Herkunftsland verbannt. Dieses Verhalten bestimmt die Wandlungen, die sich in der Migration um das Sterben vollziehen. *Dursun Tan, Gerdien Jonker* und *Yassine Chaïb* verdeutlichen einzelne Aspekte des Wandels.

In Tans Beitrag gerät die soziale und emotionale Situation von Sterbenden und ihren Angehörigen ins Blickfeld. Er beschreibt das Sterben im Krankenhaus, den Wegfall von Abschiedsritualen und die Todesverdrängung und berichtet von einer wachsenden Distanz zwischen den Trauernden, ausgelöst durch die Schwierigkeit, mit unbekannten Angehörigen oder nahestehenden Deutschen eine angemessene Form des Trauerns zu finden. Jonker beschäftigt sich mit dem Werdegang einer spezifischen kulturellen Kompetenz, nämlich der Fähigkeit, Trauer und Tränen in eine Quelle von Poesie zu verwandeln. Die Totenklage ist die Stunde der Frauen, ein empfindliches Terrain, das dem Druck der Migrationsumstände kaum standzuhalten vermag. Gleichwohl bietet sie eine Chance, die lebensnotwendige Äußerung von Trauer neu zu gestalten. Chaïb schließlich geht auf das symbolische Band ein, das die Rückführung des Toten in die Heimat knüpfen soll. Die Rückführung wird von nichtreligiösen Faktoren bestimmt - der Bindung an die Erde der Vorfahren und der eigenen Vergangenheit. Sie zwingt sich "wie ein Keil" zwischen jeglichen Versuch, sich in das neue Land zu integrieren. Chaïb glaubt am Beispiel des islamischen Friedhofs in Berlin-Gatow, auf dem zu über 60 Prozent Kinder begraben sind, eine langsam wachsende Umkehr der jetzigen Verhältnisse erkennen zu können: Der Ort, an dem diese Kinder geboren wurden, läßt sich nicht mehr mit dem Herkunftsland verbinden; so sind diese Kinder "Kinder der Entwurzelung". Mit ihrer Bestattung wird das symbolische Band durchgeschnitten.

Die Beiträge in diesem Band lenken die Aufmerksamkeit auf ein Geschehen, das sich stets am äußersten Rande des öffentlichen Blickfelds vollzog und noch immer vollzieht, das jedoch von dieser verborgenen Warte aus maßgeblich auf das soziale Zusammenleben einwirkt. Der Tod, jeder Tod, ist die Grenze zu einer gemeinsamen Geschichte und damit Endpunkt und Anfang zugleich. Der Tod in der Fremde weckt grundsätzlich die Vorstellung, damit aus dieser Geschichte herauszufallen; den Muslimen stellt sich zusätzlich die Frage nach dem richtigen Verhalten auf einem nichtislamischen Territorium. Mit diesem Band wird erstmalig versucht, dieser Problematik in ihrer Komplexität gerecht zu werden.

Die Herausgeber

Die Bestattung von Muslimen außerhalb der islamischen Welt als Problem des islamischen Rechts

Peter Heine

Die islamische Welt ist nach der Auffassung einer Mehrzahl von Vertretern des islamischen Rechts bekanntlich in drei große Bereiche eingeteilt, die *dār al-islām*, die *dār al-ḥarb* und die *dār al-ʿahd*; die letztgenannte Kategorie wird nicht von allen Rechtsgelehrten verwendet. Für sie bestehen nur die beiden Gruppen der *dār al-islām* und der *dār al-ḥarb*. Das Verhältnis der Muslime zu der Welt außerhalb des Gebietes, in dem islamisches Recht gilt, war seit jeher problematisch. Eine Abkapselung oder eine möglichst starke Reduzierung der Kontakte mit dem Westen als einem Teil der *dār al-ḥarb* oder *dār al-ʿahd* wurde und wird auch heute noch von einigen Gelehrten gefordert. Noch vor wenigen Jahren hat einer der führenden islamischen Gelehrten Saudi-Arabiens, ʿAbd al-ʿAzīz ibn Bāz, diese Position sehr deutlich vertreten. Ibn Bāz ist Vorsitzender des obersten Rates der Religionsgelehrten des Königreichs wie auch der staatlichen Verwaltung für wissenschaftliche Studien, Rechtsauskunft (*iftā*), Mission (*daʿwa*) und Rechtleitung. Die letztgenannte Institution wurde 1970 gegründet und untersteht direkt dem Ministerrat des Landes. Ibn Bāz ist kompromißlos traditionalistisch. Belege dafür müssen hier nicht in extenso angeführt werden. Als Beleg mag sein Rechtsgutachten vom 13. Juli 1993 dienen, in dem er zur Urlaubspraxis vieler Bürger Saudi-Arabiens Stellung bezieht. Ibn Bāz warnt darin die Muslime in Saudi-Arabien, aber auch die Glaubensbrüder in anderen Teilen der islamischen Welt davor, in westliche oder andere fremde Länder zu reisen, um dort die Sommerferien zu verbringen oder fremde Sprache zu lernen, da dies eine Gefahr für ihre sittliche Haltung bedeuten könnte. Die Zahl der Versuchungen, denen sie in der Fremde ausgesetzt seien, sei zu groß. Die Muslime sollten besser die Ferienorte in Saudi-Arabien oder in ihren islamischen Heimatländer benutzen. Ganz besonders wendet sich der Gelehrte gegen die Verteilung von Prospekten und Informationsbroschüren, in denen jungen Menschen in Saudi-Arabien zu Besuchen in Westeuropa und den Vereinigten Staaten eingeladen werden. Dies geschehe nur, um sie einer Vielzahl von Gefahren auszusetzen. Zu diesen gehöre die "Korrumpierung der jungen Muslime, das Säen von religiösen Zweifeln in ihren Herzen, die Ermutigung, die westliche Zivilisation und Kultur zu bewundern, die Muslime desinteressiert an ihrer Religion und ihren Lehren zu machen". Ibn Bāz meint, daß die Bemühungen der Reiseorganisationen, junge Menschen in nichtislamischen Familien unterzubringen, sie zu veranlassen, an von Männern und Frauen besuchten Veranstaltungen teilzunehmen und Vergnügungsstätten zu besuchen, eine Idee der Feinde des Islams sei. "Die Feinde des

Islams waren immer neidisch auf die großen Wohltaten, die Gott, der Allmächtige, der Gemeinschaft der Muslime geschenkt hat. Ihre Herzen sind voller Verachtung gegenüber dem Islam und seinen Anhängern und sie werden keine Bemühung auslassen, um ihre bösartigen Ziele zu verfolgen." Ibn Bāz rät den Eltern, Wünsche ihrer Kinder nach einer Reise ins Ausland abzulehnen. Studenten sollten besser ihre Ferien mit der Memorierung des Korans oder mit Reisen zu den heiligen Stätten in Mekka und Medina verbringen.[1]

Es versteht sich nahezu von selbst, daß Ibn Bāz und andere Gelehrte seiner Richtung sich auch strikt gegen längere Aufenthalte von Muslimen in Westeuropa oder den USA wenden, wenn diese zur Sicherung des Lebensunterhalts erfolgen. Andere Gelehrte sind der Meinung, daß Muslime sich zu diesem Zweck in die nicht-islamische Welt begeben dürfen, meinen allerdings auch, daß es die Aufgabe der Gemeinschaft der Gläubigen sei, Verhältnisse zu schaffen, in denen kein Muslim mehr gezwungen ist, außerhalb der Grenzen der *dār al-islām* sein Brot zu verdienen. Auch sie verkennen die Gefahren nicht, die den muslimischen Arbeitsmigranten bei längeren Aufenthalten in der islamischen Welt für ihr religiöses Leben und damit für ihr Seelenheil drohen. In diesem Zusammenhang spielt auch die Frage nach der Bestattung von Muslimen in Gebieten außerhalb der *dār al-islām* eine Rolle. Diese Frage ist allerdings in ihren verschiedenen Aspekten erst seit kurzer Zeit ein Thema für die Rechtsauskünfte, wie man überhaupt feststellen kann, daß die Frage nach der Form von Friedhöfen, den differierenden Bestattungsbräuchen in den verschiedenen Teilen der islamischen Welt u.ä. erst seit kürzerer Zeit in den gutachterlichen Äußerungen islamischer Rechtsgelehrten zu finden sind.

Ich beziehe mich in meinen nun anschließenden Bemerkungen auf die Gutachten eines "Briefkastenmufti", der in der in Saudi-Arabien in englischer Sprache erscheinenden Tageszeitung "Arab News" zu den verschiedensten Fragen Stellung nimmt, die ihm die Leser dieser Zeitung stellen. Dieser Rechtsgelehrte hat einmal Auskunft über die Art und Weise gegeben, in der er seine Antworten ausarbeitet. Danach nutzt er die entsprechenden Techniken des *iftā*, also der Erstellung von Rechtsgutachten, und bittet zugleich andere islamische Rechtsgelehrte, ebenfalls zu der aufgeworfenen Frage Stellung zu nehmen. Auf der Grundlage einer Vielzahl von entsprechenden Meinungsäußerungen formuliert er dann die veröffentlichte Antwort.[2] Durch die Einbeziehung anderer Rechtsgelehrter in diesen Rechtsfindungsprozeß kann man sicher sein, daß die gegebenen Antworten in hohem Maß dem main-stream der aktuellen islamischen Rechtsauffassung entsprechen, wenn sie auch angesichts der politischen und publizistischen Situation in Saudi-Arabien eine deutliche sunnitisch-hanbalitische Grundposition haben mögen.

Fragen, die sich auf die Thematik von Tod und Begräbnis beziehen, werden seit etwa zehn Jahren recht häufig in den Spalten für islamische Fragen von "Arab News" gestellt. Dabei wird das gesamte Spektrum möglicher Aspekte um

Bestattung und den Verbleib der Toten behandelt. Es geht um Ort und Form der Bestattung, samt den in diesem Zusammenhang praktizierten Riten einerseits und um die Situation der Toten und ihre möglichen Erfahrungen andererseits. Die grundsätzliche Haltung des Islam zum Tod wird wie folgt beschrieben:

> "The proper thing in Islam is to accept death as something Allah determines and that it signals a departure from one stage of our life to another."[3]

Diese Feststellung ist islamisches Allgemeingut und bezieht sich auf Koranstellen wie: "Wir haben für euch den Tod festgelegt. Und niemand kann Uns voraus sein (und abwenden), daß Wir (gegen euch) euresgleichen eintauschen und euch in einem Zustand entstehen lassen, den ihr nicht kennt" (56, 60-61). Die Unausweichlichkeit des Todes wird aus 4, 78 deutlich: "Wo immer ihr seid, der Tod wird euch erreichen, auch wenn ihr in hochgebauten Burgen wäret" (vgl. auch 62, 8; 67, 2; 21, 35).

Die Frage nach dem Ort der Bestattung wird von dem Briefkastenmufti dahingehend beantwortet, daß in der islamischen Welt ein Platz dafür als Friedhof ausgewiesen werden sollte. Er geht auf die Frage nach besonderen Formen der Anlage und Architektur der Begräbnisstätten nicht ein und meint lediglich:

> "A burial place is merely a spot where the body is stowed in preparation for the life to come."[4]

Da es sich sozusagen um eine Zwischenphase der Existenz des Muslims handelt, wird jeder besondere Aufwand abgelehnt. Gräber sollen immer sehr einfach gestaltet sein und nur wenig über die Erdoberfläche herausragen. Hier sind die Angaben des Rechtsgelehrten erstaunlich präzise. Gräber sollen nicht mehr als 20 oder 25 Zentimeter über den Erdboden herausragen, damit sie als solche kenntlich bleiben. Beton, Zement oder jeder andere feste Werkstoff darf nach dieser Auffassung nicht verwendet werden. Vor allem sollen keine Kuppelbauten oder Ehrenbogen über den Gräbern errichtet werden.[5]

Dem Mufti ist natürlich bewußt, daß diese hanbalitische Position nicht von allen Muslimen geteilt wird. Er hat sich in diesem Zusammenhang auch mit der Tatsache auseinanderzusetzen, daß über dem Grab des Propheten Muḥammad, aber auch über denen von Abū Bakr und ʿUmar eine Moschee errichtet wurde. Die Begründung bezieht sich auf einen Prophetenausspruch, der besagt: "Jeder Prophet, der starb, wurde an dem Ort bestattet, an dem er seinen Tod fand." Da der Prophet in seinem Haus starb, wurde er dort bestattet. Es wurde also kein spezielles Gebäude für diesen Zweck errichtet. Abū Bakr und ʿUmar wurden neben dem Propheten begraben.[6] Es handelt sich hier um Sonderfälle, da es Personen waren, die für den Islam besonders viel getan haben. Daß diese Rechtsposition von anderen islamischen Gelehrten nicht geteilt wird, ist dem

Gutachter sicherlich bekannt. Daher rührt möglicherweise bei dieser Frage auch sein besonders apodiktischer Ton. Er konnte sich dabei auf die Prophetentradition beziehen, derzufolge das Begraben der Toten in ihren Häusern verboten sei.[7]

Hinsichtlich der Frage des Ortes, an dem die Bestattung stattfinden soll, spielt die Forderung des islamischen Rechts nach einer möglichst raschen Beerdigung eine wesentliche Rolle. Die Praxis stellt sich in dieser Hinsicht in den verschiedenen islamischen Ländern trotz sonstiger Unterschiede der Begräbnisformen erstaunlich einheitlich dar. Stirbt eine Person am Morgen, wird sie zum Mittags- oder Nachmittagsgebet zur Moschee gebracht und anschließend bestattet. Tritt der Tod nachmittags ein, sollte die Beerdigung spätestens bis zum nächsten Mittag stattgefunden haben. Die Rechtsgelehrten beziehen sich bei dieser Ansicht auf verschiedene Prophetentraditionen. Bei Ibn Saʿd lesen wir:

> "Wenn der Tote ein frommer, rechtschaffener Mensch war, hat er allen Grund, schnell zu seinem Grab und damit zu seinem Herrn zu kommen, wo ihn Gutes erwartet; wenn er aber anders war, so ist er etwas Böses, das ihr schnell von euren Schultern abwerft."[8]

Manche Rechtsgelehrte haben diese Formulierung als Aufforderung aufgefaßt, daß sich der Trauerzug eiligen Schrittes mit dem Toten zum Friedhof begeben solle. Andere sehen es als Anweisung, die Vorbereitungen für die Beerdigung und die Totengebete möglichst rasch durchzuführen. Diese Rechtsposition wird unterstützt durch andere Prophetentraditionen wie: "Wenn jemand von euch stirbt, behaltet seinen Körper nicht. Beeilt euch, wenn ihr ihn zum Grab bringt."[9] Und schließlich heißt es noch: "Es ist nicht richtig, daß der Leichnam eines Muslims zu Hause bei seiner Familie bleibt."[10] Bei dieser Praxis sollte keine Rücksicht auf entfernter wohnende Verwandte genommen werden, die nicht rechtzeitig zu den Begräbnisfeierlichkeiten kommen können.[11]

Tritt der Tod eines Muslims während eines Aufenthalts außerhalb der islamischen Welt ein, wird die Frage der Schnelligkeit der Bestattung als vorrangig gegenüber dem Begräbnisort angesehen. Der Fall, um den es hier geht, stellte sich so dar, daß ein Muslim in Hongkong gestorben war. Der Leichnam wurde zunächst in einem Sarg (*wooden box*) aufbewahrt, um dann nach zehn Tagen in seiner Heimat beerdigt zu werden. Der Gutachter führt dann aus:

> "It would have been more appropriate that the deceased person was buried in the place where he died. I realize that he died in a non-muslim country, but most probably there is a graveyard for Muslims in that country, or at least a part of a graveyard. If it was possible to prepare him for burial in the Muslim way and bury him there in a Muslim area, that would have been more appropriate than bringing his body back to his home country."[12]

Bemerkenswert an dieser Feststellung ist die Tatsache, daß der Gutachter von einem islamischen Friedhof in irgendeiner Form in Hongkong ausgeht. In einem anderen Gutachten desselben Autors heißt es:

> "The first is that a Muslim must not be buried in a graveyard of non-believers, nor a non-believer is allowed to be buried in a graveyard of Muslims. If there is a Muslim community in a country with an overwhelming non-Muslim majority, the Muslims should either have their own graveyard or at least a special section in the graveyard of their city."[13]

Auch die Tatsache, daß der Leichnam in einem Sarg aufbewahrt und transportiert wurde, beschäftigt den Fragesteller und den Mufti. Der Rechtsgelehrte erklärt, daß es unter islamischen Gesichtspunkten korrekt ist, den Toten zu waschen, in ein Leichentuch zu hüllen und dann zu beerdigen, ohne daß ein Sarg verwendet wird. Auf den konkreten Fall bezogen, heißt es dann jedoch:

> "But the deceased is already buried in his wooden box. His body should not be disturbed. Matters should be left as they are."[14]

Der Pragmatismus des islamischen Rechts läßt sich an diesem Beispiel sehr schön dokumentieren.

Der geschilderte Fall hängt strukturell mit der Frage nach der Exhumierung von Toten und der Überführung der menschlichen Überreste an einen weiteren oder schließlich endgültigen Ruheort zusammen. In der Frage der Überführung ist die rechtliche Position völlig eindeutig. Grundsätzlich gilt, daß die Gebeine von Muslimen nicht exhumiert und umgebettet werden dürfen. Das gilt zunächst einmal für Situationen in islamischen Ländern, bei denen Friedhöfe oder Einzelgräber Straßenbauprojekten oder Urbanisierungsmaßnahmen im Weg stehen. Die Rechtsgelehrten machen in diesem Fall eindeutig klar, daß alles unternommen werden muß, um eine Straßenführung oder Bauplanung so zu gestalten, daß die Ruhe der Toten nicht gestört wird. Die Konsequenz aus dieser Rechtsauffassung bezüglich der Exhumierung von Muslimen, die in der nicht-islamischen Welt bestattet worden sind, ist eindeutig. Die Rechtsgutachter von "Arab News" beziehen sich ausdrücklich auf Nationalhelden, die im Exil gestorben sind und deren Leichname nach dem Erfolg der von ihnen initiierten Bewegungen in ihre von der Kolonialherrschaft befreiten Heimatländer überführt wurden: Auch in diesen Fällen ist eine Exhumierung und Überführung der sterblichen Überreste mit dem islamischen Recht nicht vereinbar. Die Argumentation in "Arab News" bezieht sich wiederum auf das Vorbild des Propheten. Dieser habe keinen der Märtyrer in der Schlacht von Uḥud nach Medina überführt. Das gilt für den Onkel des Propheten Ḥamza, der als Märtyrer aller Märtyrer bezeichnet wird, oder für seinen Cousin Ǧaʿfar. Das Verbot der Störung der Ruhe eines Toten gilt also ganz allgemein, unabhängig von der Lage des Begräbnisortes.[15]

Problematisch stellt sich auch die Frage nach der korrekten Bestattung von Personen dar, die infolge von Flugzeugabstürzen, Bombenattentaten oder bei bürgerkriegsähnlichen Zuständen ums Leben gekommen sind. Solche Fragen werden vor allem von Muslimen gestellt, die von ihrem Namen her als indische oder pakistanische Bürger identifiziert werden können. Nach Ansicht der Religionsgelehrten sollen die Körperteile von Menschen, die bei Unfällen oder Explosionen zu Tode kommen, mit aller Ehrfurcht behandelt werden. Das geschieht am besten dadurch, daß die einzelnen Körperteile in Tücher eingehüllt und dann begraben werden. Das gilt auch, wenn nicht alle Teile des Körpers gefunden werden können. Von Waschungen der einzelnen Körperteile ist nicht die Rede. Der Gutachter fügt abschließend hinzu:

> "Needless to say, when such a person is resurrected at the day of judgement, God will cause him to come together again as he used to be in this life."[16]

Kommunalistische Auseinandersetzungen zwischen Muslimen und Hindus in der Indischen Union waren wohl vor allem der Ausgangspunkt und die Motivation für derartige oder die folgenden Fragestellungen. Die sicherlich nicht ganz unrealistische Ausgangslage stellt sich folgendermaßen dar: Im Verlauf von Auseinandersetzungen zwischen Hindus und Muslimen sind Frauen ums Leben gekommen, deren religiöse Zugehörigkeit anhand der Kleidung oder anhand von körperlichen Merkmalen nicht festzustellen ist. Falls sich keine Familie meldet, die Anspruch auf den Körper der Toten erhebt, ist es nicht ausgeschlossen, daß an einer Muslimin hinduistische Totenrituale praktiziert werden. Zu diesen würde gehören, daß sie verbrannt wird. Dies wiederum ist nach islamischem Recht verboten. Die Realitätsbezogenheit der Antwort auf diese Frage ist typisch für jede Variante der islamischen Rechtsfindung:

> "If it happens, it will not affect the woman herself in any way. God knows her and He will judge her on what he knows of her situation. If her people could not identify her, what blame could be attached to those who find her and give her a burial as they normally do? Again, if she is a Hindu and taken by Muslims to be buried, what harm would that cause?"[17]

Dem Gutachter geht es vor allem darum, daß in derartigen konfliktgeladenen Situationen verhindert werden muß, aus derartigen Unklarheiten weitere Spannungen und gewalttätige Auseinandersetzungen entstehen zu lassen.

Ein interessanter Aspekt unseres Themas hängt mit der Finanzierung der Beerdigungen zusammen. Die Kosten für Begräbnisse müssen aus im islamischen Sinn rechtmäßigen Einkünften bestehen. Falls unrechtmäßig erworbenes Geld für eine Beerdigung verwendet wird, erhebt sich die Frage, ob der gesamte rituelle Vorgang damit im Gegensatz zum islamischen Recht und seinen Vorschriften erfolgt. In dem angeführten Fall hat der Verwandte einer Toten die Bestattungskosten übernommen; er wird beschuldigt, Einkommen aus ungesetzlichen Aktivitäten bezogen zu haben. Daraus entsteht die Befürchtung, daß die Tote Schaden erleide und von Gott bestraft werde. Die Antwort des Rechtsgelehrten ist deshalb so bemerkenswert, weil in ihr hypothetisch argumentiert und nach dieser Hypothese ein Analogieschluß gezogen wird. Der Briefkastenmufti konstruiert den Fall, daß ein Mann in der Fremde stirbt. Die Kosten für seine Beerdigung übernimmt der Betreiber eines Weinlokals, der sein Einkommen ausschließlich aus dem Vertrieb des verbotenen Getränks erzielt. Damit ist auch das entsprechende Einkommen unter den Auspizien des islamischen Rechts als unrechtmäßig anzusehen. Der Mufti fragt jedoch: "Could anyone suggest that the deceased would be punished by God for his burial?", und gibt dann gleich die Antwort: "Sicherlich nicht". Von dieser Feststellung ausgehend, meint er dann weiter, daß in dem vorliegenden Fall davon auszugehen sei, daß der Verwandte auch noch Einkommen aus wirtschaftlichen Tätigkeiten erziele, die nicht im Gegensatz zu den Vorschriften des islamischen Rechts stünden.

> "If this is the case, then there is no reason to suppose that what he paid to cover the expenses of your wife's burial came only from the illigitimate source. It is better not to assume anything. Leave matters to God who knows the intentions and actions of any human being."

Beruhigend fügt er hinzu:

> "Besides, there is no responsibility whatsoever on your wife. Her actions came to a final end with her death. She is not responsible for what other people might have done after her death."[18]

Aus den dargestellten Rechtsgutachten wird mehreres deutlich. Die Fragen der Form und des Ablaufs von Bestattungen ist ein viele Muslime bewegendes Thema, bei dem die Sorge, Fehler im Sinne der Vorschriften des islamischen Rechts zu begehen, eine große Rolle spielt. Die Antworten des Briefkastenmufti dagegen belegen erneut die Flexibilität und Praxisbezogenheit des islamischen Rechts, aber auch das damit verbundene seelsorgerische Moment des gesamten *iftā*-Wesens.

Anmerkungen

1 Vgl. Peter Heine, Urlaub islamisch. In: Orientierung, Zürich 57 (1993), S. 161-163.
2 Vgl. Werner Ende, Leserbriefe an Arab News als Spiegel innerislamischen Meinungsstreits. In: Christoph Herzog/Raoul Motika/Anja Pistor-Hatam (Hg.), Presse und Öffentlichkeit im Nahen Osten, Heidelberg 1995, S. 37-43.
3 Arab News, 2.7.1993.
4 Arab News, 8.5.1992.
5 Ebenda.
6 Ibn Saʿd, Kitāb aṭ-ṭabaqāt al-kabīr. Hg. Eduard Sachau. Bd. 6, Leiden 1909, S. 6; ebenda, Bd. 8, Leiden 1904, S. 100f.
7 al-Buḫārī, Kitāb al-ǧāmiʿ aṣ-ṣaḥīḥ li'l-imām al-ʿallāma Abī ʿAbdallāh Muḥammad ibn Ismāʿīl al-Ǧuʿfī al-Buḫārī. Hg. Ludolf Krehl. Bd. 3, Leiden 1868, S. 8.
8 Ibn Saʿd, Kitāb aṭ-ṭabaqāt al-kabīr. Bd. 4, Leiden 1906-1908, S. 62; ebenda, Bd. 3, Leiden 1904, S. 261.
9 al-Buḫārī, a.a.O., S. 21, 53, 55.
10 Ebenda.
11 Arab News, 23.11.1992.
12 Arab News, 6.9.1993.
13 Arab News, 15.10.1993.
14 Arab News, 6.9.1993.
15 Arab News, 15.10.1993.
16 Arab News, 2.4.1993.
17 Arab News, 2.8.1993.
18 Arab News, 31.12.1993.

Tod und Geschichte oder Wie in Berlin prominente Muslime bestattet wurden

Gerhard Höpp

> "Keine Seele kennt den
> Ort, an dem sie stirbt"
> (Ḥadīt)

Vergangenheit setzt Vergänglichkeit voraus, Geschichte den Tod, insofern er in sie den Widerspruch, die Diskontinuität also, einflicht. Grabstätten erinnern daran, sie sind, wie Martha Grimes ihren Pater Rourke sagen läßt, "eigentlich nichts anderes als Dokumente"[1].

Islamische Grabstätten in Deutschland dokumentieren manches: das historische wie das aktuelle Verhältnis der Nichtmuslime zu den Muslimen, den lebenden wie den toten, den Umgang der Muslime mit ihresgleichen in der "Fremde", in der Diaspora[2], im Grunde also die Geschichte des Islam in diesem Lande.

Wenn Maß und Sinn der Erinnerung an die Vergangenheit tatsächlich etwas über die Ernsthaftigkeit aussagen, mit der sich die Lebenden in der Gegenwart begegnen, dann steht es hier nicht gut um das Verhältnis von Nichtmuslimen zu Muslimen: Wer weiß schon etwas von islamischen Gräbern in Deutschland und der darin verborgenen Geschichte? Verglichen mit dem Wissen über jüdische Friedhöfe ist heute die Kenntnis davon bei beiden trotz verdienstvoller Bemühungen einzelner noch sehr gering; das trifft auch auf die Forschung zu.

Wer kennt schon die Grabstätten der im 16. und 17. Jahrhundert verschleppten "Beutetürken", die christlich getauft oder in ihrem islamischen Glauben hier beerdigt wurden?[3] Wem ist der Leutnant Muṣṭafā Sulkiewicz bekannt, ein polnisch-litauischer Tatare, der 1762 im Siebenjährigen Krieg für Sachsen gegen Preußen fiel und bei Dippoldiswalde begraben liegt, und wer erinnert sich seiner Glaubensbrüder, die für Preußen fielen und in Goldap bestattet wurden?[4] Wer weiß, daß der russische Tatare Yūsuf ibn Muṣṭafā, nachdem er seiner Verwundung in der Völkerschlacht von Leipzig erlegen war, 1813 in Beucha bei Bad Lausick seine letzte Ruhe fand?[5] Wer weiß von dem Grab des Hauptmanns Ibrāhīm Efendi, der 1888 als Mitglied einer osmanischen Waffenabnahmekommission in Oberndorf am Neckar starb und dort bestattet wurde?[6] Wer schließlich kennt die Orte, an denen muslimische Gefangene aus den letzten großen Kriegen beerdigt wurden: den Berliner Garnisonsfriedhof, wo ein Denkmal auch an algerische Schützen, sogenannte Turkos, aus dem Deutsch-französischen Krieg 1870/71 erinnert[7], die Ehrenfriedhöfe aus dem Ersten Weltkrieg in Zehrensdorf bei Zossen für fast tausend Araber, Inder und Tataren[8] und in Schwedt für 22 Deutsche, 14 Russen, einen Italiener und einen Tataren[9], die Friedhöfe in Fahlhorst und Löwenbruch[10] mit ihren tatarischen Einzelgräbern sowie die Begräbnisstätte für nichtchristliche Kriegsgefangene des Zweiten Weltkrieges im Stalag II A Fünfeichen bei Neubrandenburg[11].

Über die näheren Umstände der Grablegung dieser Menschen ist zumeist nichts bekannt; bestenfalls sind Denkmale, einzelne Steine, Gräberlisten, Berichte, Notizen und Erinnerungen überkommen, im Falle von Fünfeichen nicht einmal die Lage des Friedhofs.[12] Da sie jedoch über das Rituelle und Zeremonielle der Bestattung hinaus nennenswerte Aufschlüsse über den Umgang mit Muslimen in Deutschland geben können, werden im folgenden einige Beispiele aus der jüngeren Geschichte aufgeführt, die dieses im besonderen Maße vermögen. Sie sind ausnahmslos mit dem islamischen Friedhof in der Berliner Hasenheide verbunden, der einzigen erhaltenen historischen Begräbnisstätte für Muslime in Mitteleuropa.[13]

Anlaß für die erste Schilderung einer islamischen Bestattung bot der Tod des (dritten) osmanischen Gesandten in Preußen, ʿAlī ʿAzīz Efendi (geb. 1749), am 29. Oktober 1798. König Friedrich Wilhelm III. hatte dafür ein Geländestück aus dem Podewilsschen Besitz in der Tempelhofer Feldmark zur Verfügung gestellt, wo man ein Gewölbe mauerte. In dieses wurde tags darauf der Sarg mit dem Verblichenen gesenkt, denn, so wird in einer zeitgenössischen Quelle hervorgehoben, das "Gesetz des Propheten verordnet nehmlich, mit der Beerdigung möglichst zu eilen, dergestalt, daß ein Türke, der am frühen Morgen stirbt, noch vor Sonnenuntergang, oder, wenn er am Nachmittag stirbt, höchstens am folgenden Morgen zur Erde bestattet werden muß". Zu diesem Zwecke "ward der entseelte Leichnam in einem hölzernen Sarge, der jedoch in reichen mit Gold durchwirkten Stoff gehüllt war, auf einem mit sechs Pferden bespannten, gewöhnlichen hölzernen Wagen hingebracht, der mit einer grün tuchenen Decke behangen war. Um das allzu große Zudrängen zu verhüten, ritten sechs Mann Husaren vorauf. Auf dem Wagen standen zur Rechten und zur Linken des Sarges zwei von den Bedienten des Gesandten mit metallnen Räucherbecken, auf deren Glut bis zur Grabstätte hin unablässig mit geraspelten Sandelholz geräuchert ward. Unmittelbar nach dem Leichenwagen gingen die Bedienten des Gesandten zu Fuß. Der Sohn des Verstorbenen hingegen, nebst dem Dollmetscher und den übrigen Gesellschaftern, folgte in zwei Wagen". Vom Sterbehaus - vermutlich am Schiffbauerdamm - führte der Zug über die Friedrichstraße nach Tempelhof. "In Ermangelung eines Imans [sic!] oder türkischen Priesters (der bald nach der Ankunft des Botschafters nach seinem Vaterlande zurückgegangen war), las, bei Einsenkung des Sarges, der Sohn des Verstorbenen, unter Assistenz eines Gehülfen, aus dem Koran die üblichen Gebete her. Der Leichnam ward", heißt es weiter, "nachdem der

Goldstoff vom Sarge weggenommen war, in gewöhnlicher horizontaler Lage der Erde übergeben, mit dem Gesicht nach Morgen, als der Weltgegend hin gerichtet, wo Mecca, der Begräbnißort [sic!] des Propheten liegt". Auf dem Rückweg, so wird hinzugefügt, "warf der Sohn des Verstorbenen Geld unter das nachströhmende Volk aus, weil das Gesetz des Propheten bei diesem Anlaß Allmosen gebietet"[14]. Das Gewölbe wurde sodann mit Erde bedeckt und durch ein Staket umzäunt.

Dieses hat offenbar Neugier und Begehrlichkeit geweckt, denn schon zwei Jahre später, Ende Oktober 1800, haben, wie eine andere Quelle berichtet, "einige Bösewichter, die auf Plünderung und Raub ausgingen, das Gitter, welches das Grab des Gesandten umschließt, erbrochen, und am Grabe selbst den Körper auszugraben, und ihm Juwelen und dergleichen, die sie an ihm vorzufinden hofften, zu rauben gesucht. Es soll ihnen letzteres aber nicht einmal ganz gelungen seyn"; wie weiter verlautete, "eilte unsre Polizei gleich hin, ließ das Gitter wieder bestellen, und das Grab frisch zumachen"[15].

Die Grabstätte wurde noch viermal geöffnet, um weitere osmanische Diplomaten aufzunehmen. Die Beerdigung des dritten, des Gesandtschaftssekretärs Raḥmī Efendi, ist besonders anschaulich überliefert worden: Nachdem er am Morgen des 28. August 1839 verstorben, sein Ableben von dem Geheimen Medizinalrat Casper "außer Zweifel gesetzt" worden war und dieser, da "die Beerdigung nach den Gebräuchen der Türken noch am heutigen Tage" stattfinden müsse, die Polizei gebeten hatte, der raschen Bestattung "kein Hinderniß in den Weg zu legen"[16], wurde Raḥmīs Leichnam im Sterbehaus Wilhelmstraße 73 von fünf Muslimen bei Ausschluß des armenischen Gesandtschaftspersonals "unter Beobachtung türkischer Ceremonien, bei verschlossenen Thüren" gewaschen und, "dem Geruch nach zu urtheilen, ... mit wohlriechenden Oelen" behandelt. "Ein Tischlermeister hatte einen gewöhnlichen Sarg von rohen Brettern und unangestrichen anfertigen müssen, welcher aber nur zum Transport der Leiche aus dem Sterbehause bis zum Grabe diente. Dieser Sarg war nicht zugeschraubt, sondern der Deckel desselben war mit Tüchern und Shawls festgebunden, und über dem Kopf der Leiche stand die türkische rothe Mütze, Feß genannt." Am Abend desselben Tages legte man den "in eine grüne Tuchdecke" geschlagenen Sarg auf einen "grün dekorirte(n) und mit 4 Pferden bespannte(n) Leichenwagen", über den eine weitere grüne Decke gehängt wurde. Während die Leidtragenden ihm in zwei Kutschen folgten, schlossen sich dem Zug Passanten in wachsender Zahl an, so daß, wie es heißt, "am Grabe wohl über 2000 Zuschauer versammelt waren"[17]; dennoch sei, wie der Polizeibericht hervorhebt, eine "Störung der Ruhe und des Anstandes in keiner Art bemerkt" worden[18]. Nachdem der Leichenwagen gegen 21 Uhr an das Grab herangefahren war, "trugen wieder nur Muselmänner den Sarg von demselben in das eiserne Gitter. Sie öffneten hier den Sarg und nahmen den Leichnam, welcher ganz in Leinwand gewickelt und genäht war, heraus.

Sodann legten sie denselben in das Grab, mit dem Gesichte nach der Gegend gerichtet, wohin Mekka liegt, und zwar in schräger Richtung, stellten dichte Bretter, welche zum Theil an Ort und Stelle vom Tischler noch abgepaßt und zugeschnitten wurden, schräg über denselben, so daß keine Erde auf ihn fallen konnte, ergriffen hierauf selbst die Spaten und warfen das Grab mit Erde zu". Das alles, so endet die Quelle, "geschah beim Laternenschein; das eiserne Gitter wurde verschlossen; das Begräbniß war halb zehn Uhr ... beendigt, die Türken fuhren in ihren Kutschen nach ihren Wohnungen zurück und das Publikum zerstreute sich"[19].

Das hier erwähnte eiserne Gitter war erst im Jahre zuvor errichtet worden, nämlich bei Renovierungsarbeiten, die der König 1836 angeordnet hatte, nachdem die Grabstätte seit 1804, als dort der osmanische Geschäftsträger Muḥammad Asʿad Efendi beerdigt wurde, zur Unkenntlichkeit verfallen war. Im selben Zusammenhang war auch die Errichtung steinerner Grabmale für die beiden Diplomaten erwogen worden, wofür neben anderen der damalige Oberbaudirektor Karl Friedrich Schinkel (1781-1841) im August 1837 zwei Entwürfe vorlegte und begründete.[20] Doch weder diese noch jene wurden realisiert, auf Allerhöchste Entscheidung lediglich besagtes Eisengitter auf rotgranitenem Sockel errichtet.[21] Beides verschwand, nachdem 1856 in Erwartung weiterer Begräbnisse die Stätte vergrößert wurde; zehn Jahre später verschwand auch diese, denn der erste islamische Friedhof Berlins mußte wegen eines Kasernenneubaus verlegt werden. Aus diesem Grunde wurden die Leichen der dort bestatteten fünf Muslime, "meist nur noch die Knochen", von dem Totengräber der osmanischen Gesandtschaft, Aḥmad Aga, exhumiert und am 29. Dezember 1866 in "drei neue, grün angestrichene Särge derart gelegt, daß die Ueberreste von je Zweien je einen, die des eben erwähnten Aziz" - er war am 5. April 1854 beerdigt worden - "aber einen besonderen Sarg erhielten", und in einer Zeremonie zu dem neuen, heutigen Standort am Columbiadamm überführt; dort errichtete man ihnen ein Jahr später die von Baumeister Voigtel entworfene und in der Marchschen Tonwarenfabrik ausgeführte, noch heute erhaltene Säule.[22] An den alten Standort des Friedhofes erinnert eine Gedenktafel für ʿAlī ʿAzīz, die am 9. Februar 1995 auf dem Gelände der Carl-von-Ossietzky-Schule in der Urbanstraße 20 aufgestellt wurde.[23]

Die Entwicklung des ursprünglich osmanischen zu einem in weiterem Sinn islamischen Friedhof war nicht nur durch eine Diversifizierung der Ethnien und Nationalitäten gekennzeichnet, deren Angehörige hier künftig bestattet wurden, sondern gleichermaßen durch die der Stände, Gruppen und Klassen, denen sie zugehörten. Neben Diplomaten sind vor allem muslimische Exilpolitiker zu nennen, die seit Beginn dieses Jahrhunderts zunehmend nach Deutschland kamen[24] und von denen manche prominente in der Hasenheide ihre letzte Ruhe fanden. Zu ihnen gehört der Vorsitzende der ägyptischen "Nationalpartei", Muḥammad Farīd (geb. 1868), der am 15. November 1919 gestorben war, vier Tage später in der Halle des benachbarten Garnisonsfriedhofs von seinen Parteifreunden Ismāʿīl Labīb (1869-1930) und ʿAbd al-ʿAzīz Šāwīš (1876-1929) sowie dem Inder Chempakaraman Pillai (geb. 1891) betrauert, vom Imam der einstigen osmanischen Botschaft, Hâfiz Şükrü, eingesegnet wurde; seinen Sarg stellte man anschließend im Keller des Friedhofs ab.[25] Der tunesische Publizist Muḥammad Bāš Ḥanba (geb. 1881), der am 27. Dezember 1920 starb, wurde von besagtem Labīb, dem Syrer Šakīb Arslān (1869-1946) und dem Türken Mehmet Talât zu Grabe getragen[26], auf welches man einen Stein setzte, der neben der *šahāda* Name, Geburts- und Sterbeorte sowie -jahre des Toten in arabischer Sprache trug[27]. Ruhe fanden die beiden hier jedoch nicht: Während Farīds Sarg im Mai 1920 über Triest und Alexandria nach Kairo gebracht wurde, wo am 9. Juni seine endgültige Bestattung erfolgte[28], geschah die Überführung Bāš Ḥanbas am 10. April 1968, zwei Jahre, nachdem der damalige tunesische Präsident Habib Bourguiba (geb. 1903) das Grab besucht hatte, welches, da bereits 1931 verwahrlost, zunächst wochenlang gesucht werden mußte[29].

Wesentlich größeres Aufsehen als diese erregten zwei andere Begräbnisse. Am 15. März 1921 war der schon erwähnte Mehmet Talât (geb. 1874), ehemaliger Großwesir des Osmanischen Reiches und Generalsekretär des jungtürkischen Komitees "Einheit und Fortschritt", in der Charlottenburger Hardenbergstraße von einem Armenier erschossen worden.[30] Die Ungeheuerlichkeit der Tat wie die Prominenz des Toten fanden sich in der breiten Berichterstattung wieder, die die Berliner Presse auch über seine Grablegung lieferte.

Die Trauerfeier fand vier Tage nach dem Mord in der Wohnung Talâts im ersten Stock der Hardenbergstraße 4 statt, wo der von der neuen türkischen Regierung und der Entente steckbrieflich gesuchte Politiker inkognito mit seiner Frau Heiriye gewohnt hatte. Die Leiche war, so heißt es, "in einem Zinksarg aufgebahrt. Sie ist einbalsamiert worden, da sie in späterer Zeit, wenn die Verhältnisse sich wieder geordnet haben, nach der türkischen Heimat befördert werden soll. Ueber den Sarg war eine rote türkische Fahne mit dem weißen Halbmond gebreitet, und am Kopfende des Sarges stand nach türkischer Sitte ein roter Fez"[31]. In Gegenwart der Witwe, von Angehörigen der türkischen, ägyptischen, persischen, afghanischen und indischen Kolonie sowie deutscher Gäste eröffnete Şükrü um 10 Uhr die Zeremonie mit dem Gebet. Ihm folgte die *tezkiye* genannte Prozedur der Entsühnung: "'Der hier vor Euch liegt, Mehmed Talaat Pascha, war ein Mann von hohen Tugenden, ein Diener Gottes. Ist jemand unter Euch", fragte Şükrü die Anwesenden, "'der das Gegenteil weiß?' Und die Gemeinde der Betenden verneint es. Eine Verneinung folgt auf die andere..."[32]. Gegen 11.30 Uhr wurde der Sarg in einem von Polizei gesicherten Zug durch die Hardenberg-, Tauentzien-, Kleist- und Yorkstraße zum Matthäi-Kirchhof in der Großgörschenstraße gebracht. An der Spitze fuhr der Kranz-, ihm folgten der Sargwagen, die Angehörigen, etwa 100

Studenten mit Fez, der Imam in violettem Gewand, mit weißem Turban und goldener Stirnbinde, am Schluß 20 Türken und Tataren. Auf dem Friedhof, der gegen 13 Uhr erreicht wurde, sprachen muslimische und deutsche Politiker, unter ihnen Arslān, Pillai, der Perser Mīrzā Ḥasan (gest. 1937) und der Deutsche Ernst Jäckh (1875-1959). Nach einem letzten Gebet wurde der Sarg gegen 15 Uhr im Keller des Friedhofs abgestellt.[33]

Dieser Umstand erklärt sich daraus, daß der islamische Friedhof zu dieser Zeit rekonstruiert wurde. Dafür sorgte eine Kommission, die 1921 vom "Orientklub", einem von Talât im Jahr zuvor gegründeten, von Enver (1881-1922) finanzierten und von Arslān geleiteten panislamischen und panorientalischen Verein in Berlin, eingesetzt worden war; ihr gehörten neben Arslān und Şükrü der Syrer Zakī Kirām (geb. 1886), der Perser Ḥasan ʿAbbās und der Ägypter Muḥammad Sulaimān (1878-1929) an.[34] Die Renovierungsarbeiten, die von den Gesandtschaften Afghanistans und Persiens unterstützt wurden, schlossen neben einer Gebietserweiterung des Friedhofs[35] den Bau eines kleinen, vom Architekten Eisfelder entworfenen Gebäudes ein; in dessen Keller wurde Talâts Sarg im Jahre 1922 verlegt[36].

Er stand dort nicht lange allein. Am 18. April desselben Jahres wurden in der Uhlandstraße zwei politische Freunde Talâts, Cemâl Azmi (geb. 1875) und Bahâettin Şâkir (geb. 1876), ermordet[37]; sechs Tage später - wie im Falle Talâts durch die erforderlichen gerichtsmedizinischen Untersuchungen bedingt - erfolgte, von der Presse stark beachtet, ihre Beisetzung. "In der zehnten Morgenstunde", heißt es, "setzte sich vom Leichenschauhaus in der Hannoverschen Straße ein endlos langer Trauerzug in Bewegung. Den beiden Eichensärgen, die mit einer Fülle von Kränzen, mit dem roten Fez und türkischen Insignien geschmückt war, folgte ein langer Zug von Angehörigen und Landsleuten". Von Polizisten eskortiert, kam dieser gegen 11 Uhr auf dem "von mehreren Hundertschaften"[38] abgeriegelten islamischen Friedhof an. Die Särge wurden in die Halle des neuen Friedhofsgebäudes getragen, wo in Gegenwart der Hinterbliebenen sowie deutscher und muslimischer Gäste wieder Şükrü die Zeremonie leitete. Nach dem Gebet entsühnte er die beiden Toten, was nach Schilderung einer Zeitung so verlief: "Wie ein Zeremonienmeister des Todes kündete der Imam an: Zwei Männer sind erschienen vor deinem Thron. Gebetsruf: Allah akbar, auf den eine Totenstille folgt. Dann wieder Gebetsruf 'Allah ist groß. Friede sei mit Euch und die Gnade Gottes'. Die Hände fahren im Gebetsgestus an den Kopf. Die Frauen beginnen zu schluchzen. Noch einmal erklingt das 'Salem Aleikum', und der Imam beginnt mit tiefer, vor Erregung zitternder Stimme etwas, was einer Leichenrede gleicht ... Diese Männer hier, Dschemal Asmi und Behaeddin Schakir, was sagt Ihr von ihnen, waren es gute Männer? - Und aus der Seele aller kommt der Ruf: 'Sie waren gut!' Und dann geht das Totengebet weiter: 'Haben sie diese und jene Vergehen begangen?' Und zur Antwort kommt ein geschluchztes 'Nein!'".

Abschließend erfolgte "eine stumme 'Fatiha', das Totengebet des Islams. - Grollend aus tiefer Seele erklingen im Chor die Gebete der Gemeinde..."[39]. Darauf wurden die Särge in den Keller getragen und neben dem Talâts abgestellt.

Dort standen sie bis zum 9. Mai 1930. Die kemalistische Türkei hatte bis dahin keinerlei Interesse gezeigt, die toten Jungtürken in die Heimat überführen zu lassen, so daß ihre Särge, bedeckt mit der türkischen Flagge, aber ohne religiöse Zeremonie und sonstiges Aufsehen an diesem Tage, dem ʿId al-Fitr, auf dem islamischen Friedhof eingegraben wurden.[40] Die Gräber gerieten offenbar rasch in Vergessenheit, denn am 20. November 1933 notierte der deutsche Außenminister Konstantin von Neurath (1873-1956), der türkische Botschafter habe ihn gebeten, das Grab Talâts, "das völlig verwahrlost sei, in einen würdigen Zustand mit einem Gedenkstein zu versetzen"[41]. Das ist wohl geschehen, denn eine Quelle erwähnt 1941 ein dunkles "Marmordenkmal", unter dem der Großwesir jetzt ruhe.[42] Ob die Grabsteine für seine beiden Gefährten ebenfalls damals entstanden, ist unbekannt. Während sie noch heute dort zu sehen sind, ist Talâts Grab verschwunden - sein Sarg wurde am 20. Februar 1943, nachdem er ausgegraben und erneut aufgebahrt worden war, in einem Schnellzug nach Istanbul gebracht, wo er fünf Tage später in einem Staatsbegräbnis auf dem "Hügel der ewigen Freiheit" beigesetzt wurde.[43]

Ob nun Hâfiz Şükrü (geb. 1871) den Tod seiner prominenten Landsleute oder aber die Abschaffung des Kalifats, dem er so lange gedient hatte, durch die Nationalversammlung seines Landes am 3. März 1924 nicht verwinden konnte, ist nicht bekannt; jedenfalls erlag er vier Tage später in der Unfallstation des Bahnhofs Zoologischer Garten einem Herzschlag. Şükrü, seit 1911 in Berlin, war ein populärer Mann gewesen, der sich, wie die Presse in warmherzigen Nachrufen hervorhob, auch außerhalb seines "geistlichen Wirkungskreises großer Bekanntschaft und Beliebtheit erfreute"[44], seines "liebenswürdigen und geselligen Wesens wegen in weiten Kreisen bekannt (war) und verehrt" wurde[45]. Nachdem er über die Jahre zahlreiche Muslime auf ihrem letzten Weg begleitet hatte, in Berlin und Zehrensdorf, selbst in den Niederlanden, Dänemark und Schweden, wurde der "letzte Imam des türkischen Kalifats"[46] in Berlin am Nachmittag des 11. März nun selbst in der Hasenheide zu Grabe getragen: Nach einer Trauerfeier im Friedhofsgebäude, an der neben der Witwe Nurîha, einer geborenen Schulz, der türkische Geschäftsträger, afghanische Diplomaten, der tatarische Schriftsteller ʿIyād Ishāqī (1878-1954), die Vertreter der Ahmadija in Berlin und Woking, Sadr-ud-Din (gest. 1981) und Abdul-Mejid, sowie Mohammed (ibn) Brugsch (1860-1929)[47] und der Islamwissenschaftler Georg Kampffmeyer (1864-1936) teilnahmen, wurde der mit einer türkischen Fahne bedeckte Sarg hinausgetragen. Dort vollzog, wie die Zeitungen zu berichten wußten, der "Derwisch Sami-Bey" die *tezkiye*. "Habt Ihr", so fragte er die Trauergäste, "den Heimgegangenen als gut gekannt? Wie Ihr in diesem Leben Gutes über ihn gesagt habt, wollt Ihr auch bei der Auferstehung Gutes über ihn sagen? Wenn Ihr eine Schuld an ihm kennt, wollt Ihr sie ihm vergeben? - Sämtliche Fragen wurden bejaht. Der Sarg wurde darauf der Erde übergeben"⁴⁸.

Nicht weit vom Grabmal Şükrüs und seiner Frau, die ihm 1930 nachfolgte, stand bis vor kurzem ein unauffälliger schwarzer Stein. Seine arabische Inschrift lautet "Keine Seele kennt den Ort, an dem sie stirbt.⁴⁹ Hier sind die Gräber von Maǧdī al-Qāwuqǧī, geboren 1923 in Hama, gestorben 1941, und Nizār al-Qāwuqǧī, geboren am 19. Mai 1946 in Berlin, gestorben 1946". Maǧdī und Nizār sind die Söhne Fauzī al-Qāwuqǧīs (1892-1976), der in den zwanziger und dreißiger Jahren in Syrien und Palästina einen legendären Ruf als Aufstandsführer erworben hatte und 1941, nachdem er in Kämpfen mit gaullistischen und britischen Truppen verwundet worden war, zusammen mit seinem Bruder Yumnī und seinem Sohn Maǧdī nach Berlin ausgeflogen wurde. Unmittelbar nach der Ankunft starb Maǧdī auf mysteriöse Weise; amtlicher Mitteilung zufolge, einem Eingriff am Magen erlegen, verdächtigte al-Qāwuqǧī hingegen die SS, ihn vergiftet zu haben.⁵⁰

Über die Beerdigung Maǧdīs am 30. Juli liegt ein geheimer Bericht des Gesandten z.b.V. Fritz Grobba an den Leiter der Politischen Abteilung des Auswärtigen Amtes, Ernst Woermann, vor, welcher die Zeremonie angeordnet hatte.⁵¹ Da er auf eigenartige Weise unser Thema berührt, wird er hier zitiert.

> "Die gestern um 17 Uhr auf dem Mohammedaner-Friedhof in Tempelhof erfolgte Beisetzung des Sohnes Fauzi Kaukji's, Medjdi, ist in würdiger Weise verlaufen. Anwesend waren von deutscher Seite vom Auswärtigen Amt außer mir Leg.Rat Melchers (Leiter des Orient-Referats - G.H.) und 4 jüngere Beamte, ferner vom OKW Korv.Kpt. Schneidewind als Vertreter von Abwehr/Ausland und Major Arnold als Vertreter von Abwehr II sowie vom Außenpolitischen Amt (der NSDAP - G.H.) Herr von Chappuis. Fauzi Kaukji selbst war nicht erschienen. Anwesend waren sein Bruder Jumni und etwa 30 Araber, darunter Exz. Adil Azme (ᶜĀdil al-ᶜAẓma - G.H.) und Herr Sibaei (ᶜAbd al-Karīm as-Sibāᶜī - G.H.). Das Gebet und die Gedächtnisrede hielt Herr (ᶜĀlim - G.H.) Idris (Übersetzer bei Pol.VII und Imam der hiesigen islamischen Gemeinde). Ferner sprachen Yunis Bahri, ein junger arabischer Dichter und der irakische Dipl.Ing. Ali Safi. Dieser schloß seine Ansprache mit den Worten: 'Du kannst hier ruhig schlafen, denn Du ruhst in befreundeter Erde.' Ich sprach dem Bruder Fauzi Kaukji's das Beileid des Herrn Reichsaußenministers aus und bat ihn, dies dem Vater zu übermitteln. Ferner legte ich im Namen des Herrn U.St.S. Woermann einen Kranz nieder. Korv. Kpt. Schneidewind legte einen Kranz im Namen des Admirals Canaris nieder."⁵²

Über die Umstände des Todes und der Beisetzung Nizārs gibt ein Brief Auskunft, den al-Qāwuqǧī am 27. Juli 1946 aus dem kriegszerstörten Berlin seinem

Freund ʿĀdil al-ʿAẓma in Damaskus zugespielt hatte: "Wir haben meinen Sohn Nizār, der aus dem selben Grunde (wie Fauzīs Bruder Yumnī, nämlich an Tuberkulose infolge Unterernährung - G.H.) gestorben ist, im Grab seines Bruders Maǧdī bestattet." Und er fügte hinzu: "So sind wir in Berlin zu einer Qāwuqǧī-Grabstätte (maqbara qāwuqǧīya) gekommen, die noch den Rest der Familie aufnehmen wird, wenn keine Hilfe kommt."[53]

Anmerkungen

1 Martha Grimes, Inspektor Jury bricht das Eis, Reinbek 1993, S. 37.
2 Zur gegenwärtigen Diskussion des Begriffs vgl. Robin Cohen, Rethinking 'Babylon': Iconoclastic Conceptions of the Diasporic Experience. In: New Community, Oxford 21 (1995) 1, S. 5-18 (Hinweis von Frank Gesemann).
3 Vgl. den Beitrag von Hartmut Heller in diesem Band.
4 Zu Sulkiewicz vgl. Stanislaw Kryczyński, Tatarzy litewsczy. Próba monografii historyczno-etnograficznej, Warschau 1938; Leon Bohdanowicz, Les Musulmans en Pologne, Jerusalem 1947; Hassan Haacke, Eine Reise in Deutschlands imaginären Orient, Teil 5. In: Moslemische Revue, Berlin-Soest 13 (1994) 4, S. 242 ff. Zu Goldap vgl. Ludwig von Baczko, Beitrag zur Geschichte des Preußischen Bosniaken-Corps, vorzueglich ueber dessen Ursprung und seine ersten Offiziere. In: Beiträge zur Kunde Preußens. Bd.1, Königsberg 1818, S. 294; Franz Genthe, Die Bosniaken in der preussischen Armee. In: Wissenschaftliche Mitteilungen aus Bosnien und der Herzegowina, Wien 8 (1902), S. 174.
5 Vgl. J. Christoph Cordes u.a., Bad Lausick, Leipzig 1990, S. 57 (Wanderheft, 31); Karl Linke, Lausigk, Leipzig 1911, S. 49 u. 53.
6 Vgl. Gesa Kokkelink, Islamische Bestattung. Islamische Friedhöfe und Gräber in Deutschland. Diplomarbeit, TU Berlin 1994, S. 46f.
7 Vgl. Karl-Robert Schütze, Von den Befreiungskriegen bis zum Ende der Wehrmacht. Die Geschichte des Garnisonsfriedhofs am Rande der Hasenheide in Berlin-Neukölln, Berlin 1986, S. 132.
8 Vgl. Gerhard Höpp, Zehrensdorf - ein islamischer Friedhof? In: Moslemische Revue, Berlin-Soest 13 (1993) 4, S. 215-226.
9 Vgl. Brandenburgisches Landeshauptarchiv, Potsdam (BrLHArchP), Pr.Br.Rep. 2A Reg. Potsdam I SW, Nr. 1420; vgl. auch Schwedter Heimatblätter (1941) 15, S. 37, sowie Mitteilung des Stadtarchivs Schwedt vom 14.7.1993.
10 BrLHArchP, Pr.Br.Rep. 2A Reg. Potsdam I SW, Nr. 1465, Bl. 14f. und 80f.
11 Vgl. Dieter Krüger, "... Doch sie liebten das Leben". Gefangenenlager in Neubrandenburg 1939 bis 1945, Neubrandenburg 1990, S. 16f., sowie Mitteilung des Regionalarchivs Neubrandenburg vom 22.12.1994.
12 Letzterer Mitteilung zufolge soll sich die Begräbnisstätte an der Straße Neubrandenburg-Fünfeichen ostseitig befunden haben.
13 Zur Geschichte des Friedhofs vgl. Carl Brecht, Der Türkische Friedhof bei Berlin. In: Der Bär, Berlin 1 (1875) 13, S. 124-127; Hans E.Pappenheim, Berlins "Türkenfriedhöfe". In: Mitteilungsblatt. Neuköllner Heimatverein e.V., Berlin (1971) 45, S. 1046-1054;

Schütze, a.a.O., S. 46ff.; H.Achmed Schmiede, 120 Jahre Türkischer Friedhof zu Berlin, Berlin 1987; Hamit Iskender, Berlin Türk Şehîdliği. Dünü - Bugünü, Berlin 1989.

14 Berlinische Nachrichten von Staats- und gelehrten Sachen, 30.10.1798; vgl. auch Königl. privilegirte Berlinische Zeitung, 1.11.1798.
15 Denkwürdigkeiten und Tagesgeschichte der Mark Brandenburg und der Herzogthümer Magdeburg und Pommern. Bd 10, Berlin 1800, S. 1246. Vgl. dazu auch den Schriftwechsel zwischen dem Polizei-Direktorium und dem Kriegs- und Kabinettsminister von Alvensleben in: BrLHArchP, Pr.Br.Rep. 30 Bln. C, Nr. 20432, Bl. 3f. Am 19.8.1852 wurde die Grabstätte erneut aufgebrochen. Vgl. ebenda, Bl. 18.
16 Geheimes Staatsarchiv, Berlin (GStArchB), I.HA, Rep. 77, Tit. 324, Nr. 30, Bl. 2.
17 Brecht, a.a.O., S. 125f.
18 GStArchB, a.a.O., Bl. 1.
19 Brecht, a.a.O., S. 126. Vgl. auch Berlinische Nachrichten von Staats- und gelehrten Sachen, 30.8.1839.
20 GStArchB, Rep. 89, Nr. 23508, Bl. 5 und 12.
21 Brecht, a.a.O., S. 125; vgl. auch GStArchB, Rep. 89, Nr. 23508.
22 Vgl. Brecht, a.a.O., S. 126f; vgl. auch Königl. privilegirte Berlinische Zeitung und Neue Preußische Zeitung, 30.12.1866. Über die Bestattung des 1854 in Ems verstorbenen ʿAzīz Aga, eines Verwandten des osmanischen Gesandten, auf dem Friedhof in der Hasenheide, ist zu lesen: "Der Leiche folgten zwei Equipagen mit dem Personal und der muselmännischen Dienerschaft der Gesandtschaft, und diese verrichteten sämmtliche Begräbniß-Ceremonieen nach türkischem Ritus, wobei bekanntlich die Leiche ohne Sarg in das Grab gelegt wird." Königlich privilegirte Berlinische Zeitung von Staats- und gelehrten Sachen, 6.4.1854.
23 Vgl. Berliner Morgenpost, 9.2.1995, S. 13.
24 Vgl. Gerhard Höpp, Zwischen Entente und Mittelmächten. Arabische Nationalisten und Panislamisten in Deutschland (1914 bis 1918). In: asien, afrika, lateinamerika, Berlin 19 (1991) 5, S. 827-845.
25 Vgl. Bundesarchiv, Abteilungen Potsdam (BArchP), Auswärtiges Amt, Film 62324, Bl. L368666; Der Neue Orient, Berlin 6 (1919) 2, S. 67; Arthur Goldschmidt (Hg.), The Memoirs and Diaries of Muhammad Farid, an Egyptian Nationalist Leader (1868-1919), San Francisco 1992, S. 8. Zum Redetext Pillais vgl. Nehru Memorial Museum and Library, New Delhi, C.R. Pillai Papers. Nach ʿAbd ar-Raḥmān ar-Rāfiʿī, Muḥammad Farīd, ramz al-iḫlāṣ waʾt-taḍḥiya, Kairo 1961, S. 444ff., soll auch Max von Oppenheim (1860-1946) gesprochen haben. Bis auf Goldschmidt nennt keine dieser Quellen den islamischen Friedhof als Bestattungsort.
26 Vgl. ʾAlal al-Fasi, The Independence Movements in Arab North Africa, New York 1970, S. 52.
27 Vgl. El-Maatamed Ibn-Abbad, La tombe de Mohammed Bach-Hamba. In: La Nation Arabe, Genf (1931) 10-11, S. 57f.
28 Vgl. ar-Rāfiʿī, a.a.O., S. 455ff. Um die Überführung hatten sich neben al-Ḥaǧǧ Ḫalīl ʿAfīfī auch die in Berlin lebenden Labīb, Sulaimān und ʿAbd al-ʿAzīz ʿUmrān bemüht.
29 Auf den beklagenswerten Zustand des Grabes hatte u.a. der algerische Nationalist ʿAlī ibn Muḥammad al-Ḥammāmī (1902-1949) kurz vor seiner Ausweisung aus Preußen (vgl. BArchP, Auswärtiges Amt, Film 17534, Bl. L327987ff.; zu seiner Biographie vgl. das Vorwort von Ch. Bouamrane in: Aly El-Hammamy, Idris. Roman nord-africain, Algier 1988, S. 8) hingewiesen; die Redaktion der von Arslān und Iḥsān al-Ǧābirī

(1882-1980) herausgegebenen Zeitschrift "La Nation Arabe" kündigte daraufhin die Gründung eines "Komitees" für die Grabpflege an und rief zu Spenden auf. Vgl. La Nation Arabe, a.a.O., S. 58f. Zum Besuch Bourguibas am 21.7.1966 vgl. Hans Rösner, Der mohammedanische Friedhof in Neukölln. In: Neuköllner Jahrbücher, Berlin 1966, S. 8, und Berliner Morgenpost, 22.7.1966, zur Umbettung auch Antoine Fleury, Le mouvement national arabe à Genève durant l'entre-deux-guerres. In: Relations Internationales, Paris (1979) 19, S. 334.

30 Zu Verlauf und Hintergrund vgl. Der Prozeß Talaat Pascha. Stenographischer Bericht über die Verhandlung gegen den des Mordes an Talaat Pascha angeklagten armenischen Studenten Salomon Teilirian vor dem Schwurgericht des Landgerichts III zu Berlin, Berlin 1921.

31 Deutsche Allgemeine Zeitung, 19.3.1921, Abend-Ausgabe.

32 Deutsche Allgemeine Zeitung, 20.3.1921, Morgen-Ausgabe.

33 Vgl. auch Vossische Zeitung, 18.3.1921, Abend-Ausgabe, und 19.3.1921, Abend-Ausgabe; Berliner Tageblatt, 19.3.1921, Abend-Ausgabe.

34 Vgl. Chalid-Albert Seiler-Chan, Der Islam in Berlin und anderwaerts im Deutschen Reiche. In: Moslemische Revue, Berlin 10 (1934) 2-3, S. 53; vgl. auch Šakīb Arslān, Sīra dātīya, Beirut 1969, S. 270; Neuköllnische Zeitung, 23.4.1937, Beilage. Die beiden letzteren galten als wohlhabend; in ʿAbbās' Wohnung soll der "Orientklub" gegründet worden sein (vgl. Public Record Office, London, F.O.317/12515), Sulaimān sei bereits seit der Jahrhundertwende in Berlin als Kaufmann tätig gewesen (vgl. Aurāq Muḥammad Farīd. Bd 1, Kairo 1978, S. 370, und Goldschmidt, a.a.O., S. 440).

35 Nachdem im August 1925 der Imam der "Islamischen Gemeinde zu Berlin", Abdel-Jabbar Kheiri (geb. 1880), das Auswärtige Amt - erfolglos - um die Einrichtung einer "besondere(n) Beisetzungsstätte" für seine Anhänger gebeten hatte (vgl. Politisches Archiv des Auswärtigen Amtes, Bonn (PArchAAB), R 78240), setzten sich seit 1928 zunächst die von dem Tataren ʿĀlim Idrīs (geb. 1887) geleitete "Gesellschaft für islamische Gottesverehrung", dann die türkische und die persische Kolonie Berlins mit Unterstützung ihrer Botschaften für eine weitere Vergrößerung des Friedhofs ein; das wurde u.a. damit begründet, die in Zehrensdorf bestatteten Muslime hierher überführen zu wollen. Obwohl von den zuständigen deutschen Ministerien, darunter dem Auswärtigen Amt, gebilligt, wurde der Antrag 1930 vom Bezirksamt Neukölln abgelehnt. Vgl. PArchAAB, R 78240 und R 78241.

36 Vgl. Berlin und seine Bauten. Teil 10, Bd. A: Anlagen und Bauten für die Versorgung. 3: Bestattungswesen, Berlin-München 1981, S. 98. Franz Lederer, Berliner Merkwürdigkeiten. Bauten und Denkmäler, Berlin 1926, S. 61, gibt irrtümlich das Jahr 1923 an.

37 Zu Ablauf und Hintergrund vgl. Arshavir Shiragian, The Legacy. Memoirs of an Armenian Patriot, Boston 1976, S. 144ff.

38 Berliner Tageblatt, 24.4.1922, Abend-Ausgabe.

39 Deutsche Allgemeine Zeitung, 24.4.1922, Abend-Ausgabe; vgl. auch Mitteilungen des Bundes der Asienkämpfer, Berlin 4 (1922) 6.

40 Vgl. Berliner Lokal-Anzeiger, 9.5.1930, Abend-Ausgabe; Berliner Tageblatt, 9.5.1930, Abend-Ausgabe, 1. Beiblatt; Berliner Börsen-Zeitung, 10.5.1930, Abend-Ausgabe, Beilage; Der Tag, Berlin, 10.5.1930, 1. Beiblatt; Der Nahe Osten, Berlin 11 (1930) 5, S. 72.

41 BArchP, Auswärtiges Amt, Film 11095, Bl. E197814.

42 Neuköllnische Zeitung, 24.6.1941, Beilage.

43	Pariser Zeitung, 18.2.1943; Türkische Post, Istanbul, 22., 25. u. 26.2.1943; Der Nahe Osten 4 (1943) 3-4, S. 33f.; Tevfik Cavdar, Talât Paşa, Ankara 1984, S. 537ff.
44	Vossische Zeitung, 8.3.1924, Abend-Ausgabe.
45	Berliner Lokal-Anzeiger, 8.3.1924, Abend-Ausgabe, 1. Beiblatt.
46	Vossische Zeitung, 8.3.1924, Abend-Ausgabe.
47	Mohammed (ibn) Brugsch, ein Sohn des Ägyptologen Heinrich Brugsch, wurde am 24.8.1929 ebenfalls auf dem islamischen Friedhof beerdigt. Vgl. Vossische Zeitung, 24.8.1929, Abend-Ausgabe; Moslemische Revue 5 (1929) 4, S. 144.
48	Berliner Lokal-Anzeiger, 13.3.1924, Morgen-Ausgabe, 1. Beiblatt; vgl. auch Neue Preußische Zeitung, 12.3.1924, Beiblatt.
49	Es handelt sich um ein ḥadīṯ. Vgl. al-Buḫārī, Kitāb al-ǧāmiʿ aṣ-ṣaḥīḥ li'l-imām al-ʿallāma Abī ʿAbdallāh Muḥammad ibn Ismāʿīl al-Ǧuʿfī al-Buḫārī. Hg. Ludolf Krehl. Bd. 1, Leiden 1862, S. 263.
50	Vgl. Gerhard Höpp, Ruhmloses Zwischenspiel. Fawzi al-Qawuqji in Deutschland, 1941-1947. In: Peter Heine (Hg.), Al-Rafidayn. Jahrbuch zu Geschichte und Kultur des modernen Iraq. Bd 3, Würzburg 1995, S. 19-46.
51	BArchP, Auswärtiges Amt, Film 10528, Bl. 273245. Das Beileidstelegramm Woermanns an Fauzī al-Qāwuqǧī, der sich zu dieser Zeit in einem Berliner Sanatorium aufhielt, und dessen Antwort befinden sich ebenda, Bl. 273247 und 273243.
52	Ebenda, Bl. 273244. Letzeres sowie die Anwesenheit von Vertretern des Amtes Abwehr/Ausland erklären sich daraus, daß al-Qāwuqǧī dem "Sonderstab F" zugeordnet war, der diesem Amt unterstand.
53	Aurāq ʿĀdil al-ʿAzma. Aurāq ʿarabīya, malaff 464/8. In: Ḫairīya Qāsimīya (Hg.), ar-Raʿīl al-ʿarabī al-awwal. Ḥayāt wa aurāq Nabīh wa ʿĀdil al-ʿAzma, London 1991, S. 469. Mit Unterstützung von seinen Freunden vermochte er übrigens im Februar 1947 mit Frau und Adjutant heimlich nach Frankreich auszureisen.

Bestattung von Muslimen in Berlin 31

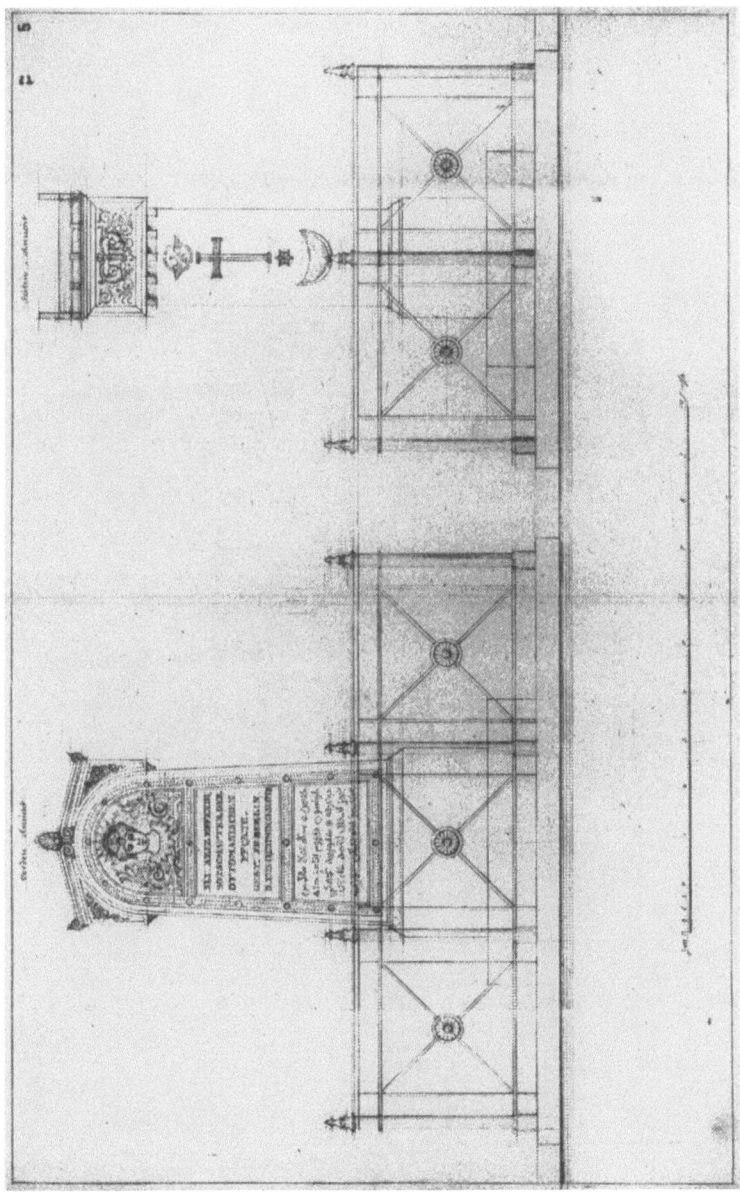

Abb. 1: Schinkels Entwurf für das Grabmal ʿAlī ʿAzīz und Muḥammad Asʿad auf dem 'Türkischen Friedhof' in Berlin (1837)

Abb. 2: Eine andere Variante des Schinkelschen Entwurfes

Abb. 3: Eingangsportal des "Türkischen Friedhofs" (ca. 1875) mit Blick auf den Obelisk für die osmanischen Diplomaten

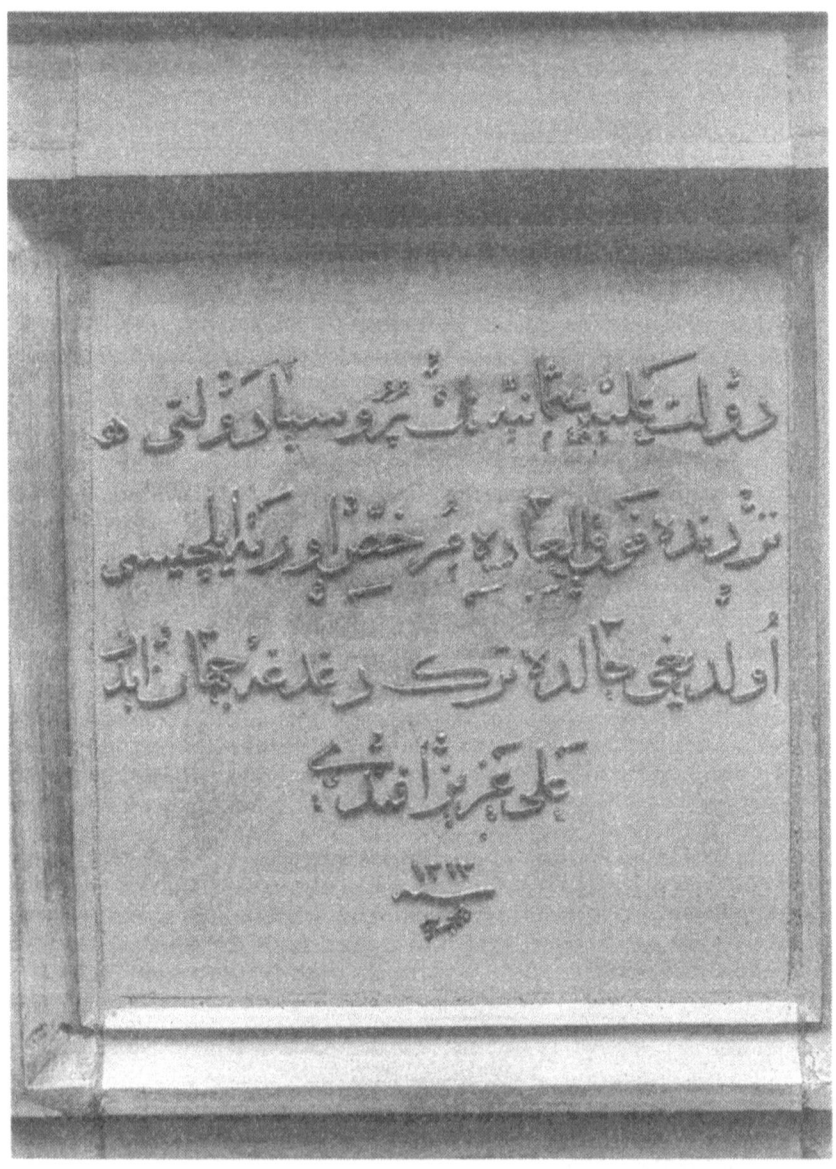

Abb. 4: Gedenkplatte für ᶜAlī ᶜAzīz Efendi auf dem Obelisk

Bestattung von Muslimen in Berlin 35

Abb. 5: Mehmet Talât in Berlin

Abb. 6: Beisetzung Talâts auf dem Matthäi-Kirchhof

Bestattung von Muslimen in Berlin 37

Abb. 7: Grundsteinlegung für das Gebäude auf dem islamischen Friedhof in Berlin (v.l.n.r.: Şükrü, Arslân, Šawiš)

Abb. 8 und 9: Cemâl Azmi und Bahâettin Şâkir
Abb. 10: Beisetzung Azmis und Şâkirs auf dem islamischen Friedhof

Abb. 11 und 12: Grabsteine Azmis und Şâkirs

Abb. 13: Hâfiz Şükrü

Abb. 14: Beisetzung Şükrüs auf dem islamischen Friedhof (r.: Kampffmeyer)

Abb. 15: Grabstein für Hâfiz und Nurîha Şükrü

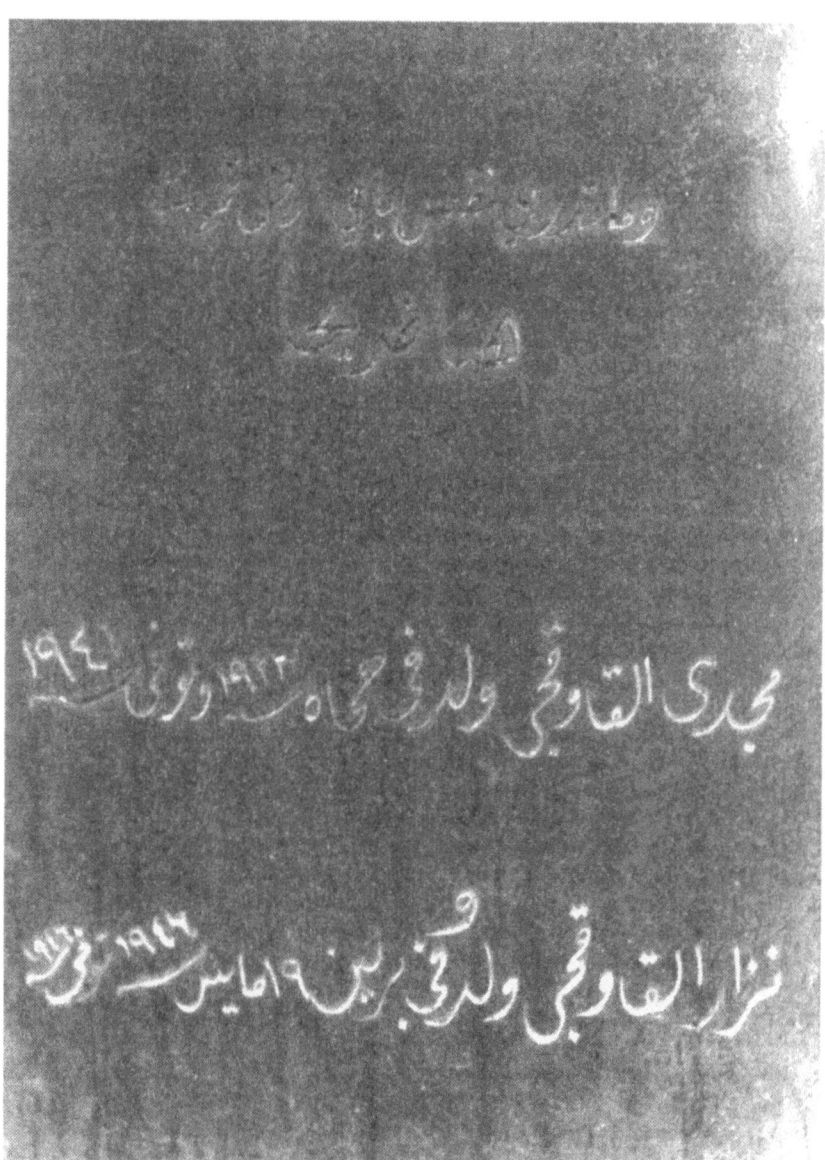

Abb. 16: Grabstein für Mağdī und Nizār al-Qāwuqğī auf dem islamischen Friedhof

Muslime in deutscher Erde:
Frühe Grabstätten des 14. bis 18. Jahrhunderts

Hartmut Heller

Den Siegern baute man überwältigende Gräber: In der Stiftskirche zu Baden-Baden befindet sich das pompöse Grabmal des Markgrafen Ludwig Wilhelm (1655-1707), der auf den Schlachtfeldern von Wien 1683, Fünfkirchen 1686, Nisch 1689 und Slankamen 1691 zum "Türkenlouis" geworden war. Der Sohn ehrte damit, ein Entwurf des Hofstukkateurs Johann Schütz, 1753 den Vater.[1] Im Chor der Nikolaikirche zu Korbach (Hessen) ruht hinter ähnlich aufwendiger Marmorarchitektur Fürst Georg Friedrich von Waldeck (1620-1692), der bei der Befreiung Wiens 1683 die fränkischen und schwäbischen Kreistruppen befehligt hatte.[2] Aus Stuck nachgebildete Halbmondfahnen und Grabwächter mit Turban, Pluderhosen, Krummsäbel umgeben die Särge, symbolisieren den bezwungenen Gegner. An eine Teilnahme am Türkenkrieg von 1664 erinnert auch die Inschrift am Grab des Bischofs Christoph Bernhard von Galen (gest. 1678, *"Monasterium Reduxit in Hungaria adversus Turcas"*) im Dom zu Münster.[3] Darüber hinaus hängen in vielen Familienkapellen des deutschen Adels Totenschilde und Epitaphien für Söhne, die als Offiziere in den jahrhundertelangen Kämpfen mit den Osmanen gefallen sind. Beispiele im Fränkischen bieten die Tetzelkapelle Nürnberg, das Welser'sche Rittergut Neunhof bei Lauf[4], das Friedhofskirchlein in Wonfurt[5].

Verscharrt auf dem "Feld der Ehre"

Dies führt uns zur Kehrseite: Und wo wurden die Besiegten begraben? Auf etwa 10 000[6] beziehungsweise 70 000[7] schätzt man die Zahl der muslimischen Toten allein auf der Walstatt von Szentgotthard-Mogersdorf 1664 und vor Wien 1683! Zur Frage, wie sie und andere bestattet wurden, äußern sich die Augenzeugen beider Seiten und ihre Interpreten, soweit ich sehen kann, nur marginal. In der Rohheit der Zeit fanden sich die Zeitgenossen wohl ziemlich gedankenlos damit ab, daß die Kadaver der - aus christlicher Sicht - Heiden irgendwo verwesten. Im Einzelfall warf man den Toten mitunter nur auf den nächsten Misthaufen.[8] Da die Heere ihre Kämpfe oftmals an Flüssen ausfochten, an der Raab, an der March, an der Donau, an der Nišava usw., schwemmten einen Teil der Gefallenen und Ertrunkenen einfach die Wasser mit fort.[9] Man nutzte die Transportkraft der Flüsse aber auch ganz absichtlich: In Mengen herumliegend, wurden Tausende der 1683 vor Wien verbluteten Feinde systematisch zur Donau gekarrt.[10]

Ferner muß man sich von der Vorstellung lösen, daß es da überhaupt, von Kriegsblessuren abgesehen, Leichname in toto zu bestatten gab. Zedlers Universal-Lexicon von 1745[11] weiß zu berichten, daß zur Leipziger Neujahrsmesse 1684 Händler ganze Fässer voll "Türkenköpfe" mitbrachten, die vom Wiener Septemberschlachtfeld stammten, und für vier, sechs, acht Reichstaler das Stück verkauften. Als Siegestrophäen endeten sie in den "vornehmsten Kunst Kammern und Bibliotheken von Europa". Das Köpfeabschlagen war offenbar ein ebenso ritualisiertes wie gewinnträchtiges Kriegsgeschäft. Umgekehrt handelten die Türken, weil es für solche Beweisstücke Belohnung gab, nicht anders.[12] Notizen wie die im Tagebuch des Prinzen Wilhelm Friedrich von Sachsen-Coburg-Salfeld vom 31. Juli 1717 vor Belgrad finden sich zuhauf: "Heute hat ein Fleischhauer einem türcken den Kopf heruntergehauen und brachte den Kopf auf einer Stange zu Pferde hereingetragen, da viele leute ihm folgenten"[13]. Noch drastischer schildert Meister Dietz, Feldscher im brandenburgischen Regiment, den Abend nach der Eroberung Ofens 1686: Den Massakrierten wurde "meist die Haut abgezogen, das Fett ausgebraten und die membra virilia abgeschnitten und große Säcke voll gedörret und aufbehalten. Als woraus die allerkostbareste mumia gemacht wird. Sie wurden auch meistens aufgeschnitten und die Eingeweide durchsucht, ob etwa ... Dukaten verschluckt gefunden würden"[14]. Beides, Menschenfett (*axungia humana*, mundartl. *Asank*) und luftgetrocknetes Menschenfleisch (*Mumia*), galten damals im Blick auf die unversehrten, einen offenbar konservierenden Lebenssaft bildenden Mumien Alt-Ägyptens als Wundermedizin; noch deutsche Apotheken des 19. Jahrhunderts boten offiziell "Mumia" an.[15] Zurück zu den niedergemachten Feinden, müssen wir daher stets mit entsetzlichsten Verstümmelungen durch Beutemacher rechnen. Wenn es dann allzu sehr stank und Seuchengefahr drohte, ließ man die Reste in Sammelgruben verscharren.[16]

Solange die osmanische Armee siegreich vorgedrungen war, begrub sie ihre Verstorbenen und Gefallenen in fremder Landschaft ganz nach islamischer Vorschrift. Zu erwarten wären, wenn man z.B. den zeitgenössischen Beobachtungen des Konstantinopel-Reisenden Salomon Schweigger[17] oder den Gouachen der Kuefstein-Mission 1628[18] folgt und dabei die Grabkapellen der Vornehmen außer acht läßt, flache Erdgräber, darin der bekleidete und in ein weißes Leintuch gehüllte Leichnam in einem Holzsarg. Als Merkzeichen wurde meist eine einfache unbeschriftete Steinplatte ellenhoch senkrecht am Kopfende aufgestellt, manchmal noch eine zweite an der anderen Schmalseite; für teurere Arbeiten, gern etwa eine Rundsäule mit steingehauenem Turban am oberen Ende, fehlte im Krieg wohl die Zeit. Bloße Beerdigung in Leintuch und Sarg wurde auch dem 1683 hingerichteten Großwesir Kara Mustafa in einem Belgrader Moscheehof zuteil.[19] Den skelettierten Schädel gruben Jesuitenmönche nach der Erstürmung Belgrads 1688 wieder aus und verehrten ihn dem

Wiener Bischof Kollonitsch; im Historischen Museum der Stadt Wien wird er bis heute als Ausstellungsstück im Magazin aufbewahrt.[20]

Die weitesten Vorstöße Sultan Suleimans, Ahmed Paschas und des Großwesirs Kara Mustafa nach Westen endeten 1529, 1664 und 1683 in Niederösterreich. Es müßte daher vor allem die dortige Heimatforschung in den Quellen wie durch Ausgrabungen nach solchen ordentlichen Türkengräbern bzw. von christlicher Hand ausgehobenen Verscharrungsplätzen suchen. Eine Bemerkung von Schneeweis[21] zu "Türkenkreuzen", die mehrerenorts "unheilabwehrend über den Massengräbern der andersgläubigen Eindringlinge errichtet wurden", wäre weiter zu verfolgen. Die ab 1683 immer weiter nach Ungarn und in die Balkanstaaten zurückverlegte Front entzieht das Thema dann unserem mitteleuropäischen Interesse - wäre da nicht das abermalige grausame Wiederaufblitzen der uralten ethnisch-religiös-machtpolitischen Konflikte zwischen Christen und Muslimen im Bosnien unserer eigenen 1990er Jahre.

Deportierte Kriegsgefangene

Über tatsächlich in Niederösterreich, im Burgenland und in der Steiermark gemachte Grabfunde habe ich leider keine Kenntnis. Der unbefriedigende Pauschalsatz, daß die auf habsburgisch-deutschem Boden massenhaft umgekommenen muslimischen Soldaten und die Toten ihres Trosses "die Erde der Schlachtfelder" deckten, muß deshalb vorerst genügen.

Aber es gab ja nicht nur den getöteten und den zurückweichenden Feind. Die christlichen Truppen machten auch viele Gefangene - Männer, Frauen, Kinder -, die nach Deutschland deportiert, dort nach zwei, drei oder mehr Jahren der Umerziehung christlich getauft und damit offiziell in ein freies Leben der Assimilation entlassen wurden.[22] Auf unsere jetzige Fragestellung bezogen, bedeutet das zweierlei: Es starben auch in habsburgfernen Teilen des Deutschen Reiches im 17. und 18. Jahrhundert Muslime, nämlich diejenigen, die der Tod ereilte, bevor es zu Taufe oder Heimkehr kam. Und es starben in Deutschland gebürtige Türken, die jedoch ihr Leben, ein zweites Leben in fremder Heimat, beendeten als Christ gewordene Deutsche.

Muslimische Sonderfälle: Liebe - Nützlichkeit - Hochachtung

Als Gefangene angelangt sind Tausende, insbesondere nach 1683. Ganze Schiffsladungen sah der Inn bei Wasserburg, im Oktober 1686 einmal 294 Mann, von denen einer, kein Wort sonst, hier starb.[23] 345 "Sklaven" brachte Bayerns Kurfürst Max Emanuel allein 1686 nach München, nach der Eroberung Belgrads 1688 noch mehr.[24] Wir wissen wenig über jene, die standhaft die christliche Taufe verweigerten. Nur soviel ist gewiß, daß das Fleckfieber und die harte Arbeit z.B. im Forst, beim Kanalaushub, als Lastenträger viele hinwegrafften, bevor sie "ranzioniert", d.h. freigekauft, wurden oder nach dem Friedensschluß von Karlowitz 1699[25] vertragsgemäß als Muslime in ihre Heimat zurückkehren konnten. Verbleib dieser toten "Heiden": unbekannt. Als ein solcher Gefangener seinen Bewachern lästig wurde, weil er nicht mehr essen und sich beim Reiten durch den Schillingswald (nördlich Pforzheim) in selbstmörderischer Absicht vom Pferd stürzen wollte, erschossen sie ihn; die Leiche ließen sie vermutlich einfach am Wegrand liegen. Es verblüfft, daß gleichwohl der nächste Ortspfarrer den toten Ungläubigen ins Kirchenbuch (Knittlingen 1689) eintrug. Fünf Fälle jedoch sind bemerkenswert:

Im Kirchhof des Dorfes *Brake* (12 km nördlich Detmold/Westfalen) steht, gleich neben dem Gotteshaus, ein Grabstein mit groß leserlicher Buchstabenschrift:

"HIER LIGT BE/GRABEN MUSTAF/
DESSEN VATTER/ GEWESEN HUSSEIN/
SPAM IST GEBOREN IN DER STADT PEST/
IN UNGERN IM JAHR 1683 UND GE/STORBEN UF DEM/
SCHLOS BRAKE/ IM MAJO 1689"

Der Sohn des örtlichen Schloßgrafen hatte 1684-1688 im Türkenkrieg gedient und in seiner Beute offenbar diesen verwaisten Knaben mitgebracht. Er war es wohl auch, der Mustaf(a) nach dessen arg frühen Tod diesen Leichenstein stiftete.[26]

Bekannter wurden jene zwölf türkischen Kinder, die 1685 der siegreich von Neuhäusel und Gran heimkehrende Erbprinz Georg Ludwig[27] dem kurfürstlichen Hof in *Hannover* zuführte. Zumindest zwei davon, Hammet und Hassan, starben hier ungetauft als Muslime. Klamroth zitiert als Grabinschrift für Hammet folgenden - ungewöhnlich langen - Text:

"Nachdem die große türkische Macht anno 1683 nach Wien gezogen und dieselbe durch die Deutschen wieder vorausgetrieben, die Türken aber sich wieder bei Berkan in Ober-Ungarn mit zwölftausend Mann gesetzet, bei welcher Action, so bei dem genannten Berkan geschehen, sich unter den Türken befunden der bei dieser Stelle begrabene Türke Hammet, allwo er von einem Capitain gefangen worden, welcher aber denselben Ihrer Durchlaucht der Herzogin gegeben, welcher denn auch derselben gedienet bei acht Jahr, darauf gestorben und allhier begraben worden 1691. - Der darunter liegende Türk ist in seinem Aberglauben dahin gefahren, und ihm dies Gedenkmal von seinen Glaubensgenossen, deren viele aus Morea und Ungarn nach Hannover kommen, gesetzt worden."[28]

Demnach hätten in diesem Fall muslimische Glaubensbrüder, obzwar im Sklavenstand, selbst für ein würdiges zeremonielles Begräbnis sorgen können, - das Antlitz des Toten gen Mekka, je eine Steinplatte aufrecht am Kopf- und Fußende. Zweifellos ist die besagte Inschrift erst später, aus christlicher Sicht erklärend (und wahrscheinlich falsch datierend), eingemeißelt worden. Von Hassan weiß man fast nichts. Beide Gräber gibt Klamroth als inzwischen verschollen an. Doch wurde auf dem Neustädter Kirchhof an Hannovers Langer Laube immerhin Hammets Ruhestätte mittlerweile wieder aufgefunden, ein Stein umgestürzt, der andere noch stehend.[29]

Beide Standorte auf christlichen Friedhöfen in Brake und Hannover bedürfen des Kommentars. Denn sie sind ein Widerspruch zu ehernen Grundsätzen christlicher Friedhofstradition, nämlich daß die geweihte Erde des "Gottesackers" nur den in Christo Verstorbenen vorbehalten war (und ist), während Andersgläubige, Ketzer, Hingerichtete, Selbstmörder und sogar ungetaufte Säuglinge jenseits der Friedhofsmauer bestattet werden mußten, am besten weit abseits.[30] Größere Aussagegenauigkeit bringt die Sache jedoch wieder ins Lot. Mustafas Grabstein in Brake verdankt seine Erhaltung u.a. der Tatsache, daß er jahrzehntelang, bis 1971, als Fußbodenplatte in das Toilettenhäuschen am Friedhof eingemauert war[31], - eine profanierende Sekundärnutzung, die ja auch manchen jüdischen Grabstein bewahrt hat. Seine Wiederaufstellung am jetzigen Platz deckt sich daher wohl eher nicht mit dem Originalstandort. In Hannover lag Hammets Grab ursprünglich tatsächlich außerhalb der Friedhofsmauern; erst eine spätere Friedhofserweiterung bezog es mit ein.[32] Trotzdem wird man vermuten dürfen, daß ohne ein beträchtliches Maß liebender Trauer, die Graf und Herzogin beim Tod dieser türkischen Ziehkinder verspürten, auch solche Bestattungen von Muslimen kaum möglich gewesen wären.

Sicher kühler handelte Preußens König Friedrich der Große, der mit seiner bekannten Toleranz der Nützlichkeit in seine Armee auch Tataren, Bosniaken und Albaner anwarb, samt einem Militär-Imam. Für die im preußischen Militärdienst 1743 ff. verstorbenen Muslime ließ er Gräber auf einer kleinen Flußinsel nahe ihrer Garnison *Goldap/Ostpreußen* anlegen.[33] Nach Auskünften aus Warschau existieren sie heute nicht mehr.

Dem Berliner Arabisten Andreas Lange verdanke ich weitere Hinweise aus derselben Zeit: Auf freiem Feld bei *Dippoldiswalde* (20 km südlich Dresden) findet sich auf quadratischem Sockel ein Obelisk, - an den Seitenflächen mehrfach Halbmond, Stern und Pfeil, um 1890 darüber auf der Spitze noch ein liegender Halbmond. Die Gedenkinschrift erinnert an Mustapha Sulkiewicz, einen Tataren islamischer Religion, der als sächsischer Premierleutnant 1762 hier tödlich verwundet worden war. Eine interessante Kette von Restaurationen schließt sich an: 1779 durch preußische Offiziere, den Feind von gestern, 1800 durch Russen, 1940 durch einen in deutsche Kriegsgefangenschaft geratenen namensgleichen Polen, 1983 durch den DDR-Kulturbund.[34]

Auf die Völkerschlacht von Leipzig 1813 bezieht sich ein letztes sogenanntes "Tatarengrab" am Waldrand bei dem Dorf *Beucha* (12 km östlich des Völkerschlachtdenkmals); beerdigt wurde hier unter verwittertem Stein ein russischer Wachtmeister namens Jussuf.

Der Tod der Getauften

Meine Statistik, die alle solche Dauerankömmlinge aus dem Osmanischen Reich zu erfassen sucht, basiert mangels anderer Quellen vorwiegend auf Kirchenbüchern und enthält deshalb fast ausschließlich (97 Prozent) Konvertiten, - kriegsgefangene Muslime, die nach einer Weile durch Taufe Christen wurden. Stattliche 427 solche "Türkentaufen" können mittlerweile für Deutschland (ohne Österreich) dokumentiert werden. Wir dürfen sie gleichwohl nur scheinbar als Gruppe empfinden, verstreuten sie sich doch in Wahrheit, da sie unterschiedlichsten Besitzern hatten folgen müssen, in alle Winde. Ein gemeinsamer Begräbnisplatz ist daher nicht zu erwarten.

Im Einzelfall haben wir leider oft nur sehr bruchstückhafte Belege, die eine Existenz, nicht aber den eigentlichen Lebenslauf aufscheinen lassen. Lediglich bei elf Prozent aller Schicksale reicht die Nachricht bis zum Tode. Das hat in den seltensten Fällen mit einer Heimkehr ins Osmanische Reich und/oder der Wiederannahme des Islam, sondern eher mit Überlieferungsdefiziten zu tun. Und auch dann sind Kirchenbuchvermerke oder sonstige Informationen meist so karg, daß sie es bei der bloßen Mitteilung des Ablebens samt Sterbedatum bewenden lassen. Wir müssen bei der Vermutung stehenbleiben, daß - da Kirchenmatrikel ja immerhin die Zugehörigkeit der Person zur örtlichen Christengemeinde oder zumindest ihr Christsein bezeugen - die Beisetzung auf dem Friedhof des letzten Wohnsitzes stattfand. Bei oft verblüffend raschem Aufstieg waren diese ehemaligen Gefangenen zu Offizieren, Kammerdienern, Leinewebern, Schustern, Bäckern, Hofkonditoren, Gymnasiallehrern, Bürgermeistern, Hospitalschwestern bzw. Ehefrauen von Förstern, Pfarrern, Schreinern, Böttchern, Wirten, Kaufleuten geworden, - viele mit Familie. In vorhandenen Kurznachrufen, z.B. 1720 für die "Türkenchristel" in Friedersdorf/Oberlausitz[35], fallen freundliche Worte über die Christentreue und Angesehenheit des/der Verstorbenen, so daß es - auf wessen Kosten auch immer - an einem ehrbaren Leichenbegängnis samt Gedenktafel wohl nicht fehlte. Keine zwei Dutzend mal (fünf Prozent) läßt sich allerdings sicher oder halbwegs sicher auf einen bestimmten Friedhof schließen. Hinweise existieren für Breslau (St. Elisabeth, St. Maria Magdalena), Hannover (St. Clemens), Heimburg/Harz, Höchst, Lindau-Reutin, Stuttgart (Grabplatz der Stiftskirche) sowie in Mittelfranken Kirchensittenbach, Lehrberg und Rüdisbronn. Grabauflassungen und Neubelegungen im Verlauf von dreihundert Jahren haben inzwischen auch dort fast alle Spuren verwischt. Muß uns das wundern? Wir kennen ja nicht einmal Mozarts Grab!

Nur wenige Beispiele bieten mehr, führen uns - sinnlich erlebbar - an Originalstätten. Zwar handelt es sich dabei nun, wie gesagt, nicht mehr direkt um Gräber von Muslimen. Doch bleibt ein Zusammenhang gewahrt durch Herkunft und überraschenderweise manchmal sogar eine bis zum Grabstein durchgehaltene Weiterbenutzung islamischer Geburtsnamen wie Osman, Fatma, Mehmet, Ali.[36]

Die Sakristei der St. Johanniskirche in *Brackenheim* (15 km südwestlich Heilbronn) nannte noch um 1800 der Volksmund "Soldanen Capelle". Die Söhne sollen sie erbaut haben als letzte Ruhestätte für den Obristen Johann Soldan, der als Sadok Seli(m) Soltan um 1304 mit Graf Reinhart nach Württemberg kam, 1305 getauft wurde und 1328 starb. Heute bestätigt nur mehr ein aus dem 19. Jahrhundert stammendes Glasfenster mit dem Soldan'schen Wappen, das Sonne, Halbmond und Sterne und als Helmzier das Brustbild eines Türken mit Turban zeigt, diese Überlieferung.[37] Eine Linie dieser Soldans geht im zehnten Glied übrigens herauf bis zu Johann Wolfgang Goethe. Vor diesem Hintergrund und den west-östlichen Diwan-Dichtungen Goethes fragte die deutschsprachig-islamische Zeitschrift "Al-Fadschr" 1984 sogar "Goethe - ein Muslim?"

Ebenfalls in einer Kirche, vor dem Altar der Hl. Martina in *Kloster Markdorf* am Bodensee, wurde 1755 Maria Anna Augusta Fatma - so unterschrieb sie selbst auf Urkunden - bestattet.[38] Geraubt bei der Erstürmung Ofens 1686, war dieses als Schönheit gerühmte Mädchen zunächst Mätresse des "Türkenlouis" und 1714 bis 1717 rechtmäßig angetraute christliche Gattin des Grafen Friedrich Magnus von Castell-Remlingen gewesen. Als Witwe kaufte sie sich dann in besagtes Kloster ein, so daß ihr im Tode nach Gräfinnen- und Nonnenstand gleichsam doppelt ein Ehrenplatz im Kirchenschiff gebührte. An Ort und Stelle macht heute kein Hinweis mehr auf Fatma aufmerksam.

Ihrer sozialen Stellung als Ehefrau des Pfarrers verdankt es auch Sophia Wilhelmine Kayser, daß sie sogar in einem Gotteshaus beerdigt wurde, neben ihrem Mann. Es handelt sich um die Dorfkirche von *Elsnig* bei Torgau/Sachsen. Die Inschrift auf der Gruftplatte erzählt die ganze Lebensgeschichte:

"... Frau Sophia Wilhelmine Kayserin geb. Rabi. Ward von Türckischen Eltern 1677 zu Corona in Morea gezeuget, von den Christen 1685 gefangen, am hohen Churf. Hofe zu Dresden u. Lichtenburg erzogen u. zum christl. Glauben bekehret, auch an gedachten H. Pastorem Ao 1717 verehelicht, gebahr gemeldten Sohn, starb in beständigem Glauben an Christum d 7. Febr. Ao 1735 ihres Alters 58 Jahr. Leichentext Chron. 29 v 4..."

Entweder der verwitwete Gatte oder der Sohn müssen diese Würdigung verfaßt haben.[39]

Ein Pressefoto machte 1992 im Nürnberger Raum den "Türken von *Rügland*" neu bekannt. Das Grabkreuz, das zwar noch inseits, aber eben doch nur an der Friedhofsmauer angebracht ist und damit sehr genau kirchenrechtliche Wertigkeiten widerspiegelt, sagt folgendes (zitiert mit nicht originaler Zeilenstellung):

> Hier ruht in Gott Carl Osman,
> Ward geb. in Constantinopel 1655/
> vor Belgrad gefangen 1688/
> zu Rügland getauft 1727
> in diensten gestanden 47 Jahr,
> starb 1735 alt 80 Jahr"

Der Kammerdiener Osman im von Crailsheimschen Schlosse hatte sich, bei offenbar sehr duldsamer Herrschaft, 39 Jahre lang nicht taufen lassen und führte nun selbst noch im Tode Regie: Um eine "große Leich" zu haben, ließ er aus seinen Ersparnissen jedem Trauergast fünf Kreuzer geben und hatte persönlich wohl auch schon Geld für seinen Grabstein beiseitegelegt. So kamen tatsächlich sonst nie gesehene 925 Menschen zu dieser Beerdigung. Und der Pfarrer bescheinigte ihm, auf seine alten Tage doch wirklich noch ein christlicher Wohltäter und gutes Vorbild geworden zu sein.[40]

Verwittert und daher schwer lesbar ist dagegen das letzte Fundstück. Es findet sich - nachträglich eingefügt in die äußere Kirchenmauer[41] - auf dem Alten Friedhof im Hannoveraner Stadtteil *Döhren* und bezeugt die Karriere des Kammerdieners Johann Ludwig Mehmet von Königstreu. Ihn erhob Kurfürst Georg Ludwig 1714, als er selbst König von England wurde, gleichsam in Kopie seiner eigenen Erhöhung in den erblichen Freiherrnstand.[42] Der mitgebrachte islamische Name Mehmet überdauerte im Stein auch hier.

Abschließend soll auf einen Fall verwiesen werden, da sogar noch zwei Generationen später (1833) ein Steinmetz den Auftrag bekam, einen Grabstein als Zier und Zeichen edler osmanischer Abstammung mit *hilal* (Halbmond) und *thug* (Roßschweif) zu versehen. Auftraggeber war die nun in *Osnabrück* ansässige Familie Aly, deren Großvater 1685ff. auf Georg Wilhelm Aly getauft und in der hannoveranischen Armee bis zum Oberst aufgestiegen war.[43] Rückfrage in Osnabrück ergab, daß das Grab auf dem insgesamt denkmalgeschützten St. Johannisfriedhof noch existiert, aber leider in schlechtem Erhaltungszustand ist.

Bedingt durch die Quellenlage, hat sich dieser Beitrag auf Soldaten und Kriegsverschleppte beschränkt. Weitere Anlässe dafür, daß Muslime innerhalb deutscher Territorien des 17./18. Jahrhunderts verstarben und hier beerdigt wurden, wären zu denken: Gesandtschaftsreisen[44], Kaufmannszüge z.B. zu den neuen Porzellanmanufakturen⁴⁵, Berufstätigkeit in den Janitscharenkapellen der Fürstenhöfe. Der 1798 begründete Türkische Friedhof in der Berliner Hasenheide⁴⁶ zeigt, daß in solchem Kontext auch noch andersartige Bestattungsplätze für Muslime entstehen konnten.

Anmerkungen

1 Robert Waissenberger/Günter Düriegl (Hg.), Die Türken vor Wien. Europa und die Entscheidung an der Donau 1683, Wien 1983, S. 67; Ernst Petrasch/Reinhard Sänger u.a., Die Karlsruher Türkenbeute, München 1991, S. 21.
2 Ekkehard Klement, Der Einsatz fränkischer Truppen in den Türkenkriegen. In: Geschichte am Obermain, Lichtenfels 9 (1974/75), S. 137-166; Waissenberger/Düriegl, a.a.O., S. 68; Hellmut Mengel, Die Nikolaikirche in Korbach, Kassel 1986³.
3 Vgl. Klement, a.a.O., S. 140.
4 Ewald Glückert, Verzeichnis der Totenschilde von Beerbach und Neunhof. In: Neunhofer Land, Beerbach 8 (1983), S. 11-15.
5 Walter Keller, Eine fränkische Gipfelkonferenz in Haßfurt. In: Frankenland, Würzburg 47 (1995), S. 135.
6 Kurt Peball, Die Schlacht bei St.Gotthard-Mogersdorf 1664, Wien 1964, S. 20.
7 Otto Spies, Schicksale türkischer Kriegsgefangener in Deutschland nach den Türkenkriegen. In: Erwin Gräf (Hg.), Festschrift Werner Caskel zum siebzigsten Geburtstag, Leiden 1968, S. 318, Anm. 2; Richard F. Kreutel (Hg.), Kara Mustafa vor Wien. Das türkische Tagebuch der Belagerung Wiens 1683, verfaßt vom Zeremonienmeister der Hohen Pforte, Graz u.a. 1977, S. 124.
8 Stefan Schreiner, Die Osmanen in Europa. Erinnerungen und Berichte türkischer Geschichtsschreiber, Graz u.a. 1985, S. 234.
9 Schreiner, a.a.O., S. 180; Kreutel, a.a.O., S. 119; Waissenberger/Düriegl, a.a.O, S. 82; Petrasch/Sänger, a.a.O., S. 31.
10 Erwin Pitsch, Türkenkrieg 1683, Wien 1983, S. 104 und 110.
11 Johann Heinrich Zedler, Grosses vollständiges Universal-Lexicon Aller Wissenschaften und Künste. Bd 45, Leipzig-Halle 1745, S. 1701.
12 Hans Schmidt, Das Tagebuch des Prinzen Wilhelm Friedrich von Sachsen-Coburg-Salfeld über seine Reise nach Wien und seine Teilnahme am Türkenfeldzug des Jahres 1717. In: Jahrbuch der Coburger Landesstiftung 1965, S. 149; Kreutel, a.a.O., S. 14, 15, 24, 57; Schreiner, a.a.O., S. 181.
13 Hans Schmidt, a.a.O., S. 154.
14 Friedrich Kemp (Hg.), Meister Johann Dietz des Großen Kurfürsten Feldscher. Mein Lebenslauf, München 1966, S. 54.
15 Hartmut Heller, Siegelerden, Tartüffel, Einhorn und Mumia. Aberglaube in Volksernährung und Volksmedizin. In: Max Liedtke (Hg.), Aberglaube und Magie, Graz 1995, S. 46-63.
16 Walter Hummelberger, Die Türkenbeute im historischen Museum der Stadt Wien. Das 17. Jahrhundert. In: Vaabenhistoriske Aarbøger. Bd. 15, Kopenhagen 1969, S. 13; Kemp, a.a.O., S. 54f.

17 Salomon Schweigger, Ein newe Reyßbeschreibung auß Teutschland Nach Konstantinopel und Jerusalem (1581), Nürnberg 1608 (Reprint Graz 1964), S. 86, 108, 199f.
18 Karl Teply, Die kaiserliche Großbotschaft an Sultan Murad IV. 1628. Des Freiherrn Hans Ludwig von Kuefstein Fahrt zur Hohen Pforte, Wien 1974; Waissenberger/Düriegl, a.a.O., S. 352.
19 Kreutel, a.a.O., S. 95.
20 Hummelberger, a.a.O., S. 13, 17, 86ff.
21 Vgl. Karl Gutkas (Hg.), Was von den Türken blieb, Perchtoldsdorf 1983, S. 14.
22 Hartmut Heller, Türkentaufen um 1700 - ein vergessenes Kapitel der fränkischen Bevölkerungsgeschichte. In: Hartmut Heller/Gerhard Schröttel (Hg.), Glaubensflüchtlinge und Glaubensfremde in Franken, Würzburg 1987, S. 255-271; ders., "Christian Lorenz, Sohn des Ibraim, weiland Amurath genannt". Zur Assimilierung türkischer Kriegsgefangener nach 1683. In: Walter Hirschberg 85 Jahre. Interdisziplinäre Kulturforschung, Wien-München 1989, S. 167-177; ders. Verschleppt, getauft und eingedeutscht. Eine erste Türkenwelle im Sog der Kriege um 1700. In: Stuttgarter Zeitung, 2. Oktober 1990; ders.; Einbürgerung von Türken vor 300 Jahren. Archivmaterial aus Franken. In: kea. Zeitschrift für Kulturwissenschaft, Nürnberg 1 (1990)1, S. 69-85; ders., Dreimal Fatmeh. Frauenschicksale aus der Türkenzeit. In: Gaby Franger (Hg.), Flucht - Vertreibung - Exil - Asyl. Frauenschicksale im Raum Erlangen, Fürth, Nürnberg, Schwabach, Nürnberg 1990, S. 14-22; ders., Beutetürken. Deportation und Assimilation im Zuge der Türkenkriege. In: Peter Heine/Gerhard Höpp (Hg.), Fremde Erfahrungen (im Druck).
23 Ferdinand Steffan, Nahui in Gott's Nam. Wasserburger Innschiffahrt. In: Heimat am Inn. Jahrbuch des Historischen Vereins Wasserburg am Inn, (1989) 9, S. 76.
24 Karl Süssheim, Die Beziehungen zwischen Bayern und der Türkei im Wandel der Jahrhunderte. In: Das Bayerland, Pfaffenhofen 30 (1919), S. 414; Ludwig Hüttl, Max Emanuel. Der Blaue Kurfürst 1679-1726, München 1976³, Anm. 379.
25 Spies, a.a.O., S. 319.
26 Heinrich Fricke, Die Grabsteine auf dem alten Braker Kirchhof - eine steinerne Chronik. In: Lemgoer Hefte 3 (1980/81) 12, S. 18-21
27 Vgl. Otto Elster, Geschichte der stehenden Truppen im Herzogthum Braunschweig-Wolfenbüttel von 1600-1714, Leipzig 1899, S. 187-193.
28 Kurt Klamroth, Beimischung türkischen Blutes in deutschen Familien. In: Archiv für Sippenforschung, Limburg 15 (1938), S. 36.
29 Hannoversche Allgemeine Zeitung, 6.5.1989.
30 Josef Höfer/Karl Rahner (Hg.), Lexikon für Theologie und Kirche. Bd. 4, Freiburg 1960, S. 373-377; Norbert Ohler, Leben und Sterben im Mittelalter, München 1993, S. 146-156.
31 Kirchengemeinde Brake, Vor 300 Jahren. Türkischer Gastarbeiter in Brake. Informationen und Mitteilungen (1971) 11.
32 Hannoversche Allgemeine Zeitung, 6.5.1989.
33 Gerhard Neumann, Auf türkischen Spuren in Altpreußen. In: Altpreußische Geschlechterkunde, Hamburg 14 (1963) 4, S. 229-233; M. Salim Abdullah, ... und gab ihnen sein Königswort. Berlin - Preußen - Bundesrepublik. Ein Abriß der Geschichte der islamischen Minderheit in Deutschland, Altenberge 1987, S. 22.
34 Paul Kühne, Ein Tatarengrab aufgespürt. Ein Tatarengrab soll wiedererstehen. In: Sächsische Zeitung, 15.u.26.10.1983.
35 Johannes Meier, Noch zwei Türkentaufen in der Lausitz. In: Oberlausitzer Heimatzeitung, Reichenau 11 (1930) 15.

36 Vgl. Schweigger, a.a.O., S. 192; Spies, a.a.O., S. 334.
37 Spies, a.a.O., S. 323f.
38 Max Wetzel, Markdorf in Wort und Bild, Konstanz 1910, S. 163f.; Heller, Dreimal Fatmeh, a.a.O.
39 Ich danke Jürgen Wagner, Düsseldorf, für die Abschrift.
40 Adolf Traunfelder, Türken als "Gastarbeiter" in Rügland, Landkreis Ansbach. In: Die Stimme Frankens, Nürnberg (1966) 6, S. 164; Heller, Einbürgerung von Türken vor 300 Jahren, a.a.O.
41 Hannoversche Allgemeine Zeitung, 6.5.1989.
42 Klamroth, a.a.O., S. 36.
43 Hoffmeyer, a.a.O.
44 Josef Kehl, Chronik von Haßfurt, Duisburg 1948, S. 350.
45 Vgl. Gabriele Möller, "Türkentassen" - ein Exportartikel deutscher Porzellanmanufakturen. Zulassungsarbeit Univ. Erlangen-Nürnberg (EWF) 1987.
46 M. Salim Abdullah, Geschichte des Islams in Deutschland, Graz u.a. 1981, S. 17.

Abb. 17: Gemälde und Cranium Kara Mustafas im Historischen Museum der Stadt Wien

Frühe Grabstätten

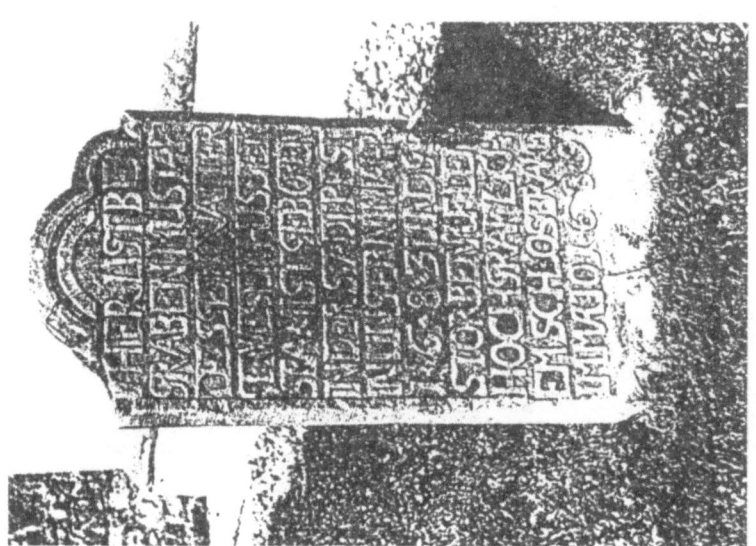

Abb. 18: Grabstein für den Knaben Mustaf(a) auf dem Kirchhof Brake
Abb. 19: Grabstein für Hammet auf dem Neustädter Andreas-Friedhof in Hannover

Abb. 20: Gedenkstein für Mustafa Sulkiewicz bei Dippoldiswalde

Frühe Grabstätten

Abb. 21: Inschrift auf dem Gedenkstein für Mustafa Sulkiewicz

Abb. 22: Gedenkstein für Yusuf ibn Mustafa in Beucha

Abb. 23: Grabkreuz für Carl Osman auf dem Friedhof in Rügland

Abb. 24: Grabdenkmal für die Familie Aly auf dem Johannisfriedhof in Osnabrück

Islamische Bestattung auf kommunalen Friedhöfen

Gesa Kokkelink

Die meisten der zur Zeit etwa zwei Millionen in Deutschland lebenden Muslime lassen ihre Verstorbenen in ihr islamisches Herkunftsland überführen und dort bestatten. Nur zehn Prozent der verstorbenen Muslime werden in Deutschland beigesetzt.[1] Ursache für die hohe Zahl der Überführungen ist unter anderem, daß die Angehörigen bei einer Bestattung in Deutschland den Verstorbenen nicht vollständig nach islamischem Ritus beisetzen können. Beispielsweise wird ein ewiges Ruherecht in Deutschland grundsätzlich nicht gewährt.

Bislang verfügen Muslime in Deutschland nicht über eigene islamische Friedhöfe.[2] Den islamischen Gemeinden bleibt bis heute die Gründung und Verwaltung konfessioneller Friedhöfe verwehrt, da ihre Glaubensgemeinschaft nicht als Körperschaft des öffentlichen Rechts anerkannt ist. In Deutschland steht das Recht, eigene Friedhöfe zu gründen und zu betreiben, nach Art. 8 Abs. 2 BestG allen Religionsgemeinschaften zu, sofern sie Körperschaften des öffentlichen Rechts sind.[3]

Die oben genannten zehn Prozent in Deutschland bestatteter Muslime werden auf kommunalen Friedhöfen, meist auf separaten Grabfeldern, beigesetzt. Die Bestattung unterliegt dort den Bestimmungen des kommunalen Friedhofsrechts und der Satzung des jeweiligen Friedhofs. Diese stehen zum Teil im Widerspruch zu den islamischen Bestattungsriten und Gestaltungstraditionen. So sieht etwa das deutsche Bestattungsrecht lediglich eine Bestattung im Sarg vor[4], während in islamischen Ländern eine Bestattung im Leichentuch üblich ist.

Vor diesem Hintergrund stellt sich die Frage, welche Praxis der islamischen Bestattung sich in Deutschland herausgebildet hat. Inwieweit ist sie mit dem Bestattungsrecht und den Traditionen in Deutschland vereinbar? Können die Muslime auf den kommunalen Friedhöfen nach islamischem Ritus bestattet werden? Wie werden die islamischen Grabfelder angelegt, wie die Gräber gestaltet?

Da keine aktuelle Zusammenstellung über existierende islamische Grabfelder vorliegt,[5] stütze ich mich bei der Beantwortung dieser Fragen hauptsächlich auf eigene Erhebungen in Form von Besichtigungen und auf Gespräche mit Bestattern, Friedhofsleitern und -verwaltern, die ich im Rahmen meiner Diplomarbeit 1994 durchgeführt habe.[6]

Bislang gibt es auf siebzehn Friedhöfen in Deutschland einen islamischen Friedhofsteil (Stand Februar 1994). Die Friedhöfe befinden sich überwiegend in Regionen, in denen es einen hohen Anteil muslimischer Wohnbevölkerung gibt, wie beispielsweise im Ruhrgebiet, in Hamburg, Frankfurt/Main und Berlin. Das erste islamische Grabfeld wurde 1955 auf dem Waldfriedhof in München angelegt. Verstärkt werden islamische Friedhofsteile seit den sechziger Jahren eingerichtet. Die islamischen Grabfelder befinden sich in der Regel auf kommunalen Friedhöfen und nur ausnahmsweise auch auf christlichen.[7]

Die Zahl der jährlichen islamischen Bestattungen in Deutschland hat insgesamt zugenommen und ist weiterhin steigend.[8] Sie lag um 1970 bei unter 30 Bestattungen im Jahr; inzwischen werden jedes Jahr etwa 200 bis 300 Muslime beigesetzt. Anfangs wurden zu über 90 Prozent Kinder bestattet, während es mittlerweile etwa je zur Hälfte Erwachsene und Kinder sind. Damit ist der Anteil der Kinder immer noch sehr viel höher als im Bundesdurchschnitt, wo er nur circa ein Prozent beträgt. Daraus läßt sich schließen, daß die Kinder zu einem großen Teil in Deutschland bestattet werden, während die Erwachsenen noch immer überwiegend überführt werden.

Tabelle: **Zahl der jährlichen islamischen Bestattungen auf dem Friedhof am Hallo in Essen**

Jahr	Kinder	Erwachsene
1972-1989	13	-
1982	5	-
1983	9	1
1984	10	3
1985	4	1
1986	9	4
1987	12	3
1988	24	10
1989	29	5
1990	36	13
1991	62	15
1992	67	27
1993	60	24

Quelle: Friedhofsverwaltung

Islamische Bestattung auf kommunalen Friedhöfen 65

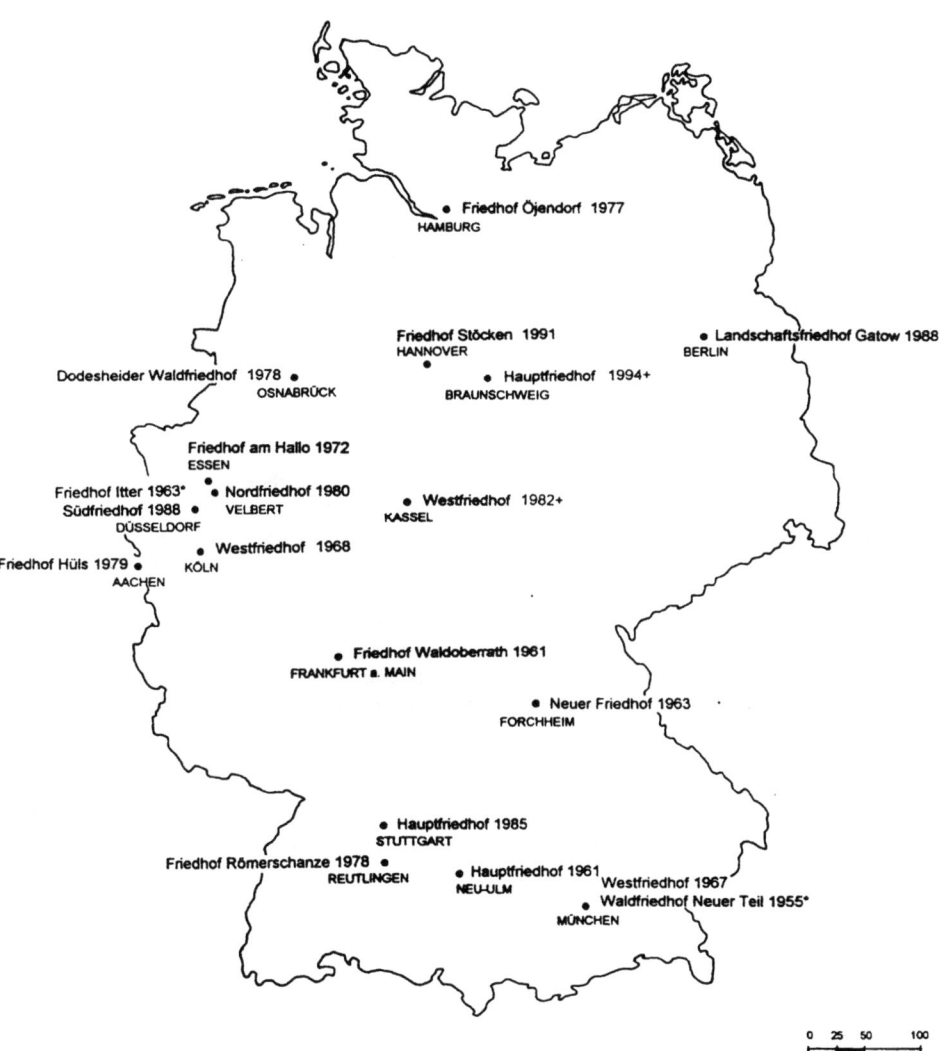

Abb. 25: Islamische Grabfelder in Deutschland mit Angabe des Einrichtungsjahres (Stand: Februar 1994)

Die Beweggründe für eine islamische Beisetzung in Deutschland können sehr unterschiedlich sein. Sie findet meistens dann statt, wenn
- aufgrund der politischen Situation im Heimatland eine Überführung nicht möglich ist; teilweise werden die Toten später überführt, wenn sich die politische Lage geändert hat;
- der Verstorbene keine Angehörigen hat, die eine Überführung veranlassen; in diesem Fall sorgt in der Regel die zuständige Behörde am Wohnort des Verstorbenen für eine Bestattung;
- Ehegatte oder Familie des Verstorbenen keine Muslime sind;
- eine Überführung zu teuer ist;
- die Verstorbenen zum Islam konvertiert waren ("deutsche Muslime");
- die Angehörigen inzwischen Deutschland als neue Heimat betrachten.

Anlage und Gestaltung der islamischen Grabfelder

Die islamischen Friedhofsteile wurden eingerichtet, nachdem entsprechende Wünsche von Konsulaten oder islamischen Einrichtungen an die Stadtverwaltungen herangetragen worden waren. Zunächst mußten Verhandlungen geführt und Vereinbarungen über die Anlage der Grabfelder und die Durchführung der Bestattungen getroffen werden.

Die Einrichtung eigener islamischer Grabfelder wurde notwendig, da zum einen die islamischen Gräber einheitlich nach Mekka ausgerichtet werden und zum anderen Muslime nicht unter für sie Ungläubigen bestattet werden wollen. Das Grabfeld wurde von der Friedhofsverwaltung meistens gemeinsam mit einer ortsansässigen islamischen Gemeinschaft ausgesucht.

Der islamische Friedhofsteil liegt, wie sich bei den Besichtigungen herausstellte, häufig am Rand des Friedhofs. Eine Randlage abseits von Haupt- und Nebenwegen wurde von beiden Seiten gewünscht - von den Muslimen, weil nach islamischem Verständnis das Grabfeld durch das Betreten von "Ungläubigen" unrein wird, und von den Friedhofsverwaltungen, weil die islamischen Grabfelder häufig weniger gepflegt erscheinen und damit in ihren Augen das Gesamtbild des Friedhofs stören. Meistens wurde eine Erweiterungsfläche des Friedhofs ausgesucht, daß heißt eine Fläche, die zuvor noch nie belegt wurde, denn nach islamischem Verständnis darf in Erde, die schon einmal Bestattungszwecken gedient hat, niemand mehr bestattet werden, da auch sie als unrein angesehen wird.

Die islamischen Grabfelder wurden in der Regel auf bereits bestehenden Friedhöfen eingerichtet und konnten daher bei der Gestaltung der Friedhöfe nicht von Anfang an mit berücksichtigt werden. Bei der späteren Ausweisung als islamisches Grabfeld wurden dann nur geringe Umgestaltungsmaßnahmen vorgenommen, so daß sich der islamische Friedhofsteil lediglich durch die einheitliche Ausrichtung der Gräber nach Mekka und durch die andere Form der Einzelgrabgestaltung von den übrigen Grabfeldern unterscheidet.

Durch die einheitliche Ausrichtung der Gräber nach Mekka, die mittlerweile auf allen Grabfeldern möglich ist, wird die innere Gliederung der Anlage vorgegeben. Der Leichnam wird, wie vorgeschrieben, auf der rechten Körperseite liegend bestattet. Der Kopf weist nach Westen, die Füße weisen nach Osten, so daß das Antlitz sich der Kaaba in Mekka gegenüber befindet.[9] Von Deutschland aus gesehen, ist das in südöstlicher Richtung und von Stadt zu Stadt nur geringfügig unterschiedlich.

Diese Ausrichtung paßt häufig nicht zu der Wegeführung und den Hauptrichtungen der Friedhofsanlage. Deshalb sieht man beispielsweise beim Betreten des islamischen Grabfeldes auf dem Friedhof Öjendorf in Hamburg die Gräber zunächst von schräg hinten. Nur in wenigen zufälligen Ausnahmen passen Ausrichtung und Wegesystem zusammen (z.B. auf dem Friedhof am Hallo in Essen). Die innere Ausgestaltung der Grabfelder, beispielsweise durch Hecken oder Pflanzstreifen, orientiert sich oft an der Ausrichtung der Gräber.

Auf die Ausrichtung der Gräber nach Mekka legen die islamischen Gemeinschaften großen Wert, wohingegen bezüglich der Gestaltung der Grabfelder keine festen Vorstellungen geäußert wurden. Lediglich besteht bei einigen von ihnen der Wunsch nach stärkerer Einfriedung der Grabfelder, beispielsweise durch Hecken. Eine Ausnahme stellt der Friedhof Hüls in Aachen dar. Nach Auskunft des Friedhofsleiters wünschten die Vertreter des Islamischen Zentrums, daß die Sicht auf das Grabfeld nicht durch Sträucher unterbrochen werden soll. Dieser Wunsch konnte leicht verwirklicht werden, da das islamische Grabfeld zeitgleich mit dem Friedhof angelegt wurde; es wurde nur mit Bäumen bepflanzt.[10]

Gestaltung der Gräber

Für die Gestaltung der Gräber auf kommunalen Friedhöfen gibt es genaue Vorschriften, davon sind auch die islamischen Grabstätten betroffen. Diese Vorschriften sind lokal und regional unterschiedlich und werden für jeden Friedhof durch eine Gestaltungssatzung festgelegt. Sie betreffen Form, Material und Größe des Grabmals sowie die Bepflanzung und sollen ein möglichst einheitliches Gesamtbild gewährleisten.[11]

Bei den islamischen Grabfeldern wurde zunächst versucht, die Gestaltungsvorschriften des jeweiligen Friedhofs durchzusetzen. Das konnte aber nicht funktionieren, da sich die Gestaltungstraditionen in islamischen Ländern stark von denen in Deutschland unterscheiden. Mittlerweile sind die meisten islamischen Grabfelder "frei von Gestaltungsvorschriften". Das Grab kann allerdings auch bei diesem Status nicht beliebig angelegt werden. Beispielsweise sind

Grababdeckungen oder Steineinfassungen, insbesondere in Norddeutschland, selten erlaubt.

Bei der Grabgestaltung in islamischen Ländern bestehen regional sehr große Unterschiede, denn in der Grabmalkunst konnten sich vorislamische Traditionen fortsetzen, da weder der Koran noch die ḥadīt-Literatur verbindliche Aussagen dazu machen.[12]

In den meisten islamischen Ländern gibt es Grabdenkmäler. Grabmalkunst hat bei einigen Völkern eine reiche Tradition (z.B. bei den Osmanen). In einigen islamischen Ländern wird das Grab dagegen nur sehr einfach geschützt und gekennzeichnet, die Steine sind gar nicht handwerklich gestaltet und tragen keine Inschriften. Jedoch wird in fast allen Ländern das Grab mit Steinplatten sarkophagartig abgedeckt und trägt ein oder zwei Steine am Kopf- und Fußende. In der osmanischen Tradition haben diese Steine die Form einer Stele. Die Gräber von Frauen und Männern unterscheiden sich in einigen Ländern (z.B. in Tunesien) voneinander, und das Grabmal kann weitere Symbole enthalten, die beispielsweise versinnbildlichen, ob und wie oft der Verstorbene nach Mekka gepilgert war.[13]

Aufgrund des "Bilderverbots"[14] im Islam bilden das Zierrelief und die Kalligrafie wichtige Gestaltungselemente. Die Inschriften sind meistens in arabischer Schrift abgefaßt. In der Türkei haben seit den Reformen in den zwanziger Jahren die lateinischen Inschriften die arabischen abgelöst, womit die Kalligrafie bei der Grabgestaltung ihre Bedeutung verloren hat.[15]

Blumen haben als Grabschmuck in den meisten Ländern klimabedingt keine Tradition. Die Pflanzen auf den Gräbern sind oft die gleichen, die in der Umgebung wachsen. Sie werden nicht eigens zur Grabgestaltung gepflanzt, sondern siedeln sich spontan an.[16] Nur regional bestehen Traditionen, bei denen Pflanzen als Grabschmuck verwendet werden[17]. Die Gräber verwildern aus mehreren Gründen rasch. Zum einen hat Grabpflege keine Tradition, die Trauer soll nicht offen auf dem Friedhof zum Ausdruck gebracht werden. Zum anderen überleben die Gräber aufgrund der ewigen Totenruhe die Angehörigen und werden auch von öffentlicher Hand meistens nicht gepflegt.

Bei der Gestaltung ihrer Gräber in Deutschland orientieren sich die Muslime sowohl an Traditionen in ihren islamischen Herkunftsländern als auch an den islamischen und nicht-islamischen Nachbargräbern. Die Gräber werden daher sehr unterschiedlich angelegt. Auf einige werden handwerklich gestaltete Grabsteine gesetzt, auf andere nur einfache oder gar keine. Manche Gräber sind bepflanzt, andere nicht, einige werden gepflegt, andere verwildern.

So unterschiedlich die islamischen Gräber aus den genannten Gründen auch angelegt werden, gemeinsam ist ihnen, daß sie meistens eingefaßt werden. Das geschieht auch dann, wenn Einfassungen auf dem Friedhof nicht erlaubt sind. Die Einfassungen sind aus Naturstein, Beton, Holz, Metall oder Plastik, seltener handelt es sich um eine Hecke. Eine Einfassung und damit eindeutige

Kennzeichnung des Grabes ist den Angehörigen wichtig, da sie, wenn man das Grab nicht mehr erkennen kann, befürchten, es sei aufgelöst und damit die Ruhe des Toten gestört worden.[18]

Steineinfassungen und -abdeckungen würden wesentlich mehr Verwendung finden, wenn sie überall erlaubt wären. In Frankfurt/Main kommt beispielsweise die Gestaltungssatzung des Friedhofs, wonach man rechts und links des Grabes Platten legen kann, den Muslimen offensichtlich sehr entgegen, denn auf den islamischen Grabfeldern werden überdurchschnittlich viele Platten gelegt.

Die Verwendung von Grabmalen hat nach Angabe der Friedhofsverwalter insgesamt zugenommen. Auf den ersten islamischen Gräbern wurden weniger Grabsteine gesetzt und wenn, dann einfachere als heute. Heute wird meistens ein Grabmal gesetzt. Die Grabmale sind sehr unterschiedlich. Ein häufig verwendetes Material ist weißer oder schwarzer Marmor. Auf Kindergräber werden oft Holztafeln gesetzt. Die in islamischen Ländern vorkommende Form der Stele wird kaum als Grabstein verwendet, und das Aufstellen von Grabsteinen sowohl am Kopf- als auch am Fußende ist relativ selten.

Auf den Grabsteinen werden meistens eine Inschrift und ein Symbol angebracht, wobei die Inschrift in arabisch oder lateinisch oder in beiden Schriften ausgeführt wird. In den meisten Fällen besteht sie aus dem Namen des Verstorbenen und seinem Geburts- und Sterbedatum. Zusätzlich ist manchmal noch ein Vers aus dem Koran zitiert. Die Inschriften werden überwiegend eingemeißelt, manchmal auch nur mit Farbe auf den Grabstein geschrieben; letzteres findet sich insbesondere bei Kindergräbern. Die am häufigsten verwendeten Symbole sind Halbmond, Stern und eine Rose. Daneben sieht man vereinzelt einen Palmenzweig, betende Hände oder eine Taube. Halbmond und Stern weisen auf das Grab eines türkischen Verstorbenen hin.

Bei pflanzlichem Grabschmuck, sofern dieser überhaupt Verwendung findet, handelt es sich oft um Schnittblumen oder blühende Pflanzen. Die in Deutschland traditionelle Dauerbepflanzung gibt es kaum auf islamischen Gräbern. Die Bepflanzung der Gräber nimmt allerdings zu und die Verwendung von Blumenschmuck bei Beerdigungen ist inzwischen auch bei islamischen Beisetzungen üblich geworden.

Viele Gräber, besonders Kindergräber, werden nicht gepflegt und verwildern dementsprechend schnell. Ungepflegte Gräber werden üblicherweise von der Friedhofsverwaltung eingeebnet und mit Gras eingesät. Das hat bei den Angehörigen häufig zu der bereits oben genannten Befürchtung geführt, das Grab sei aufgelöst worden.

Eine Vorstellung davon, wie islamische Gräber angelegt werden, wenn der Gestaltung nicht durch Gestaltungssatzungen enge Vorgaben gemacht werden, kann das Gräberfeld des historischen "Türkischen Friedhofs" am Columbiadamm in Berlin geben. Auf der bis heute einzigen Begräbnisstätte in Deutschland unter muslimischer Verwaltung wird die stärkere Orientierung der Grabgestaltung an islamischen Traditionen vor allem an den steinernen Grababdeckungen und Umrandungen sichtbar.

Ewige Totenruhe

Aus dem festen Glauben an die Auferstehung und dem Verständnis, daß der Friedhof der Ort ist, an dem die Verstorbenen auf die Auferstehung warten, wird den Toten in islamischen Ländern ein ewiges Ruherecht gewährt. Das Grab ist im wahrsten Sinne des Wortes eine Ruhestätte.[19] Auf den Grabfeldern in Deutschland wird indessen ein ewiges Totenruherecht im Prinzip nicht gewährt. Dies ist wohl das umstrittenste Problem der islamischen Bestattung in Deutschland und Hauptgrund für die hohe Zahl der Überführungen.

Die Ruhezeit der Gräber richtet sich nach der gesetzlichen Regelung, die jeweils für den Geltungsbereich einer Friedhofssatzung festgelegt wird. Die gesetzliche Ruhezeit liegt zwischen acht und 25 Jahren bei Erwachsenen und zwischen fünf und 15 Jahren bei Kindern. Sie kann teilweise verlängert werden.

Bei den islamischen Grabfeldern handelt es sich zumeist um Reihengrabfelder, deren Ruhezeit nicht verlängert werden kann, allenfalls darf der Tote in ein anderes Erdreihengrab umgebettet werden. Bislang gibt es noch wenig Erfahrungen, ob nach Ablauf der Ruhezeit von Reihengräbern die Auflösung des Grabes von Angehörigen akzeptiert worden ist, da die Ruhezeit der Grabfelder noch nicht abgelaufen ist.[20] Im Gegensatz zu Reihengrabstellen kann bei Wahlgrabstellen die Ruhezeit verlängert werden. Islamische Wahlgrabstellen gibt es zum Beispiel auf dem Waldfriedhof in München. Dort wurde bisher immer nach dem Ablauf der gesetzlichen Ruhezeit, die dort acht Jahre beträgt, die Ruhezeit der Grabstelle verlängert.

Die Diskussion um die Gewährung des ewigen Ruherechts wird hauptsächlich um den sich daraus ergebenden zusätzlichen Flächenbedarf und um die Gleichbehandlung mit nicht-islamischen Gräbern geführt. Die Gewährung der ewigen Totenruhe, vor allem, wenn sie aus Gründen der Gleichbehandlung auf Wunsch allen gewährt würde, hätte erhebliche Konsequenzen für den Bedarf an Friedhofsfläche. Sie würde gegebenenfalls Friedhofserweiterungen oder Neuanlagen zu Lasten der Friedhofsträger und damit der Allgemeinheit erfordern und hätte damit auch städtebauliche Auswirkungen.[21] Nach einer Berechnung von Richter würde die heute benötigte Bestattungsfläche, ausgehend von 1,7 Millionen Muslimen und einer Bruttobedarfsfläche von 4 Quadratmetern je Grab, etwa 7 Millionen Quadratmeter insgesamt betragen.[22] Tatsächlich wäre das die Fläche, die man innerhalb von 90 Jahren zur Verfügung stellen müßte, vorausgesetzt, alle in Deutschland lebenden Muslime wollten hier bestattet werden. Es müßte untersucht werden, inwieweit durch eine sparsamere Belegung der Grabfelder der Flächenverbrauch auf unter 4 Quadratemter Bruttobedarfsfläche verringert werden könnte. Vermutlich kann die Bedarfsfläche für die Grabstelle und für die Erschließung verringert werden, wenn die Grabstelle nicht wiederbelegt wird. Beispielsweise könnten die Verstorbenen enger gebettet werden, wie es auch auf jüdischen Friedhöfen üblich ist. Außerdem kann der Platzbedarf bei der im Islam üblichen Bestattung nur im Leichentuch geringer sein als bei der Bestattung im Sarg.

Ausgehend von der derzeitigen Situation, in der ein ewiges Ruherecht nicht gewährt wird, sollten - als kurzfristige Lösung des Problems - aus den oben genannten Gründen mehr Wahlgrabfelder eingerichtet werden. Dieser Wunsch wurde auch vielfach von islamischen Gemeinden geäußert. Auf dem Landschaftsfriedhof in Berlin-Gatow wurde ihm bereits stattgegeben.

Bestattungsrituale

Zu einer würdigen islamischen Bestattung gehören die Waschung des Leichnams, seine Hüllung in Leichentücher, das Totengebet und die Grablegung. Über die Einzelheiten der Rituale sind sich die Rechtsschulen nicht einig.[23]

Mit der Totenwaschung beginnen die Riten der Bestattung. Unterbleibt die Waschung, gilt der Tote im allgemeinen als unehrenhaft beigesetzt. Zweck der Waschung ist, den Toten nach menschlichem Ermessen am Jüngsten Gericht rein vor Gott treten zu lassen.[24]

Die rituelle Waschung der Verstorbenen ist mittlerweile auf den meisten Friedhöfen möglich. Dort wurden dafür ehemalige Sektionsräume zur Verfügung gestellt, sofern dies aus hygienischer Sicht unbedenklich war. Die Räume mußten zu diesem Zweck teilweise umgestaltet, beispielsweise gefliest werden. Viele der Waschräume sind für die rituelle Waschung, an der oft viele Menschen teilnehmen wollen, zu klein.

Nach der Waschung wird der Tote in Leichentücher gehüllt, ein Symbol dafür, daß er nun Gott geweiht ist.[25] In islamischen Ländern wird der Verstorbene anschließend im Leichentuch ohne Sarg beigesetzt. Eine Beisetzung nur im Leichentuch ist jedoch auf dem überwiegenden Teil der hiesigen Friedhöfe nicht möglich, denn "die Verwendung von Särgen für die Bestattung menschlicher Leichen wird in den bestehenden gesetzlichen Bestimmungen teils unterstellt, teil ausdrücklich vorgeschrieben"[26]. In der Regel werden die Verstorbenen im Leichentuch und zugleich im Sarg beigesetzt: Der Tote wird zunächst nach islamischem Ritus in Tücher gehüllt und dann eingesargt, wie es das Bestattungsgesetz der Bundesrepublik vorschreibt.[27]

Auf einigen Friedhöfen wird eine Beisetzung ohne Sarg in Ausnahmefällen geduldet. Auf dem Friedhof Hüls in Aachen wird sie zugelassen; bis zu 90 Prozent der Toten werden dort nur im Leichentuch bestattet. Auf dem Friedhof am Hallo in Essen ist eine Bestattung ohne Sarg offiziell möglich. Das dortige Gesundheitsamt hält es für unbedenklich, in Leichentüchern zu bestatten; dadurch soll sogar die Verwesungszeit beschleunigt werden.

> "Aus amtsärztlicher Sicht ist gegen eine Bestattung von Leichen in einem Leinentuch nichts einzuwenden, wenn keine infektiöse Erkrankung vorliegt und der Transport in einem Behältnis erfolgt, das den Austritt von Flüssigkeiten verhindert. [...] Sind diese Bedingungen erfüllt, ist es sogar wünschenswert und für eine schnelle Verrottung der Leiche günstig, wenn diese ohne Sarg begraben wird. Da *unsere* Tradition die Bestattung der Leiche im Sarg fordert, sollte dieser zumindest aus sehr leicht zersetzbaren Weichhölzern bestehen."[28]

Demnach ist die religiös bedeutende Handlung der Beisetzung in Leichentüchern aus hygienischer Sicht in den meisten Fällen vertretbar.[29] Bedenken gegen eine Bestattung im Leichentuch scheinen nicht auf einer rationalen Ebene zu liegen, weshalb die derzeitigen gesetzlichen Bestimmungen, die Polizeiverordnung Leichenwesen und die Hygienerichtlinien der Bestattungsgesetze, überprüft und gegebenenfalls geändert werden sollten, um die Bestattung in Leichentüchern offiziell zu ermöglichen. Allerdings muß die Beisetzung im Sarg kein Hinderungsgrund mehr für eine Bestattung in Deutschland sein, da sie durch eine *fatwā* der "Akademie für Islamisches Recht" in Mekka erlaubt worden ist. Dabei geht die *fatwā* von einfachen, schlichten, undekorierten Leichtholzsärgen aus.[30]

Das Gebet über den Toten, ein kurzer Ritus am aufgebahrten Sarg,[31] wird meistens unter freiem Himmel vor der Feierhalle oder am Grab gehalten, da es oft keinen geeigneten Feierraum dafür gibt. Die Feierhalle des Friedhofs wird von den Muslimen zum Totengebet wegen der christlichen Symbole und bildhafter Darstellungen nicht genutzt. In Berlin-Gatow steht zwar ein eigener Raum zur Verfügung, der aber zu klein für die in der Regel sehr großen Trauergemeinden ist. Das Totengebet nur unter freiem Himmel abzuhalten, ist angesichts der klimatischen Bedingungen hier nicht immer möglich.

Bei der Neuanlage eines Friedhofs oder dem Neubau einer Feierhalle auf einem Friedhof mit islamischem Grabfeld könnten amerikanische Vorbilder beispielgebend sein. In den USA werden auf multikonfessionellen Friedhöfen alle Konfessionen an der Planung der Feierhalle beteiligt oder wenigstens berücksichtigt.[32] Eine weitere Möglichkeit wäre, Muslimen auf dem Friedhof einen Platz für den Bau einer eigenen Feierhalle, einer Friedhofsmoschee, anzubieten.

Unmittelbar nach dem Totengebet wird der Leichnam zu Grabe getragen und beerdigt. Die strenge Geschlechtertrennung während der Beerdigung[33] behält die Trauergemeinde in Deutschland im allgemeinen bei. Während des

Totengebets, beim Leichenzug und dem Absenken des Sarges stehen bzw. gehen die Frauen hinter den Männern, sie nehmen nur am Rande teil.

Die Beisetzung wird in islamischen Ländern, anders als hier üblich, weitestgehend von den Angehörigen selbst durchgeführt. Dies ist auch auf einigen kommunalen Friedhöfen bereits möglich. Die Angehörigen tragen den Sarg und schließen teilweise auch selbst das Grab. Das sollte generell ermöglicht werden, sofern nicht ortsbedingt gegebene Sicherheitsbestimmungen, zum Beispiel beim Transport des Sarges, dagegen sprechen.

Die im Islam übliche Bestattung innerhalb eines Tages ist in Deutschland, wo die Bestattung frühestens zwei Tage nach dem Eintritt des Todes erfolgen darf, nicht erlaubt. Nur mit einer Genehmigung des Ordnungsamtes kann sie in Ausnahmefällen in weniger als 48 Stunden nach Eintritt des Todes durchgeführt werden. Da die "24 Stunden-Regelung" in islamischen Ländern aufgrund gegebener hygienischer Gründe eingeführt wurde,[34] die hier und heute nicht als zwingend angesehen werden können, erscheint eine Einhaltung dieser Regelung nicht sinnvoll.

Auf den islamischen Friedhofsteilen kommunaler Friedhöfe können die Verstorbenen nicht vollständig nach islamischem Ritus beigesetzt werden; er wird bislang bei der Anlage der islamischen Grabfelder nicht ausreichend berücksichtigt. Es fehlen Räumlichkeiten für die Bestattungszeremonie, die bei Muslimen traditionell eine wesentlich größere Bedeutung hat als spätere Grabbesuche. Auch sind sarkophagähnliche Grababdeckungen zumeist nicht erlaubt, "obwohl diese Art des Denkmals traditioneller und symbolischer Ausdruck ist"[35]. Einige dieser Probleme sind planerisch oder gestalterisch lösbar, insbesondere bei islamischen Grabfeldern auf neu anzulegenden kommunalen Friedhöfen. Für viele der bestehenden Probleme bedarf es jedoch einer rechtlichen bzw. politischen Klärung.

Die Tatsache, daß islamische Gräber annähernd so aussehen wie die nichtislamischen, wird oft als Zeichen von Integration mißdeutet. Integration hieße vielmehr, die kulturellen Symbole und Identifikationsobjekte zu akzeptieren und bei der Grabgestaltung zuzulassen.

Die beschriebene Situation ist eine spezifische, die in der Form nur solange besteht, wie es keine eigenen islamischen Friedhöfe gibt. Mit der Anlage und Verwaltung eigener Friedhöfe könnten die Islamischen Gemeinschaften ihre Toten nach islamischem Ritus beisetzen und die Gestaltung nach ihren Vorstellungen vornehmen. Probleme wie der höhere Flächenbedarf durch die Gewährung der ewigen Totenruhe, wären an sie übertragen; sie müßten dafür selbst Lösungen suchen. Wie islamische Friedhöfe angelegt werden, ob sie den Traditionen in den islamischen Ländern entsprechen oder die in unserem Kulturkreis übliche Gestaltung adaptieren, wird sich dann zeigen.

Anmerkungen

1 Vgl. M. Salim Abdullah, Islamische Bestattungsriten und Friedhofskultur. In: Die letzte Ruhe. In: Hofgeismarer Protokolle (1991) 275, S. 61.
2 Eine Ausnahme stellt der historische "Türkische Friedhof" am Columbiadamm in Berlin dar, der exterritorial ist.
3 Vgl. Hans-Kurt Boehlke, Stellungnahme zur Errichtung islamischer Friedhöfe in der Bundesrepublik Deutschland. In: Deutsche Friedhofskultur 72 (1992) 9, S. 209.
4 Vgl. Jürgen Gaedke, Handbuch des Friedhofs- und Bestattungsrechts, Köln-Berlin 1983, S. 117
5 Eine Ausnahme stellt die mittlerweile veraltete Zusammenstellung in "Das muslimische Begräbnis - ein Leitfaden für deutschsprachige Muslime" dar. Ahmed von Denffer, Das muslimische Begräbnis - ein Leitfaden für deutschsprachige Muslime„ Aachen 1982.
6 Gesa Kokkelink, Islamische Friedhöfe und Gräber in Deutschland, Diplomarbeit, Technische Universität Berlin, Institut für Landschaftsbau und Objektbau 1994.
7 Wenn konfessionelle Friedhöfe in einer Stadt Monopolcharakter haben, finden sich, wie in Kassel und in Braunschweig, die christlichen Kirchen bereit, ein islamisches Grabfeld anzulegen. In Braunschweig befindet sich das Grabfeld auf einem evangelischen Friedhof, da dieser als einziger Erdbestattungen anbietet. Die Praxis der islamischen Bestattung auf konfessionellen Friedhöfen unterscheidet sich nicht von der auf kommunalen Friedhöfen.
8 Prognosen über die Zahl der jährlichen islamischen Bestattungen gehen bisher lediglich davon aus, daß immer mehr Muslime ihre Angehörigen hier bestatten lassen wollen. Viel entscheidender ist aber das steigende Durchschnittsalter der in Deutschland lebenden Muslime, weshalb die Zahl der jährlichen Todesfälle in den nächsten Jahren stark zunehmen wird. Zur Zeit ist die Zahl der jährlichen Todesfälle bei den Muslimen wesentlich niedriger als im Bundesdurchschnitt, da sehr viel weniger Muslime in der Altersgruppe "Älter als 65 Jahre" mit der höchsten Sterblichkeit sind. Im Bundesdurchschnitt liegt die Zahl der jährlichen Todesfälle bei 100 bezogen auf 100.000 Einwohner, bei den Muslimen dagegen zur Zeit bei nur 7-10 Todesfällen. (Die Zahlen wurden errechnet anhand der Tabellen 3.13 "Bevölkerung am 25.5.1987 nach Religionszugehörigkeit, Altersgruppen und Staatszugehörigkeit" und 18.7 "Sterbefälle nach Todesursachen, unter zugrundelegung des Altersaufbaus der männlichen und/oder weiblichen Bevölkerung von 1987" im Statistischen Jahrbuch 1994 für die Bundesrepublik Deutschland, Wiesbaden 1994).
9 Vgl. Denffer, a.a.O., S.17.
10 Gespräch mit Herrn Berg, Friedhofsverwalter, Friedhof Hüls, Aachen 1994.
11 Gestaltungssatzungen wurden seit Beginn dieses Jahrhunderts erlassen, als die Einzelgräber zunehmend pompöser wurden, was man unterbinden wollte.
12 Karl-Wilhelm Röhs, Islamische Bestattungsriten. In: Das Gartenamt, Hannover-Berlin 31 (1998), S. 611.
13 Vgl. Gabriele Haas-Rupp, Islamische Friedhöfe in Tunesien. In: Deutsche Friedhofskultur 76 (1986) 5, S. 102-104, und Röhs, a.a.O.
14 Es ist nicht gestattet, lebenden Dingen künstlerisch Gestalt zu geben.

15 Vgl. Will Durant/Ariel Durant, Kulturgeschichte der Menschheit. Bd. 5: Weltreiche des Glaubens. Viertes Buch: Die Kultur des Islam, München 1977, S. 531; Hans-Kurt Boehlke, Schädelberge, melancholische Friedhöfe, Sultanstürben und Steine im Licht. In: Mitteilungen. Arbeitsgemeinschaft Friedhof und Denkmal, Kassel 16 (1971) 4, S. 8
16 Karl-Wilhelm Röhs, Muslimische Friedhöfe in Nordafrika. In: Deutsche Friedhofskultur 76 (1986) 2, S. 40.
17 Beispielsweise haben besser gepflegte Gräber in Ägypten oft eine Vertiefung für Blumen, in der sich das Tauwasser sammeln kann. "Die Bereithaltung von Wasser entspricht einer alten Vorstellung im regenarmen Ägypten, nach der die Seele des Verstorbenen zum Grab zurückkommt, um ihren Durst zu stillen." Dore Müller, Islamische Friedhöfe und Totenbräuche in Ägypten. In: Garten und Landschaft, München (1979) 11, S. 858.
18 Gespräch mit Herrn Şahin, VATAN - Islamische Bestattungen GmbH, Berlin 1994.
19 Karl-Wilhelm Röhs, Bestattungsbräuche des Islams - Besondere Grabfelder für Moslems. In: Das Bestattungsgewerbe, Düsseldorf 34 (1979) 10, S. 305.
20 Vgl. den Beitrag von Yasemin Karakaşoğlu in diesem Band. Bei Reihengrabfeldern wird die gesetzliche Ruhezeit vom Zeitpunkt der letzten Bestattung auf dem Grabfeld gezählt. Da die islamischen Grabfelder aufgrund der geringen Zahl der Bestattungen über einen langen Zeitraum belegt werden, dauert es entsprechend lange, bis ein Feld voll belegt ist.
21 Vgl. Boehlke, Stellungnahme..., a.a.O.
22 Vgl. Röhs, Islamische Bestattungsriten, a.a.O.
23 Vgl. Adel-Theodor Khoury, Der Umgang mit Sterbenden und Toten im Islam. In: Das Bestattungsgewerbe 45 (1993) 12, S. 565; Peter Antes, Tod und Trauer im Islam. In: Hansjakob Becker u.a. (Hg.), Im Angesicht des Todes - Ein interdisziplinäres Kompendium, St. Ottilien 1987, S. 157.
24 Albert Nader, Die vier Hauptrichtungen des mohammedanischen Begräbnisritus. In: Concilium, 4 (1968) 2, S. 136.
25 Was jeder vom Islam wissen muß, Gütersloh 1990, S. 64.
26 Vgl. Gaedke, a.a.O.
27 Mit der derzeitigen Praxis in Deutschland, wonach bei islamischen Bestattungen die Verstorbenen in Sarg und Leichentüchern zugleich bestattet werden, verlängert sich die Verwesungszeit. Dieses muß bei der Festsetzung der gesetzlichen Ruhezeit berücksichtigt werden.
28 Gespräch mit Herrn Franke, Friedhofsverwaltung, Friedhof am Hallo, Essen Stoppenberg 1994.
29 Gabriele Haas-Rupp, Islamische Friedhofsteile in Deutschland. In: Deutsche Friedhofkultur 76 (1986) 6, S. 127-129.
30 M. Salim Abdullah, Islam für das Gespräch mit Christen, Gütersloh 1992, S. 98.
31 Khoury, a.a.O.; Nader, a.a.O.
32 Hans-Kurt Boehlke, Der Friedhof als Abbild der multikulturellen Gesellschaft - Nichtchristliche Bestattungskulturen auf Friedhöfen des christlichen Kulturkreises. In: Die letzte Ruhe, a.a.O., S. 79-86.
33 Was jeder vom Islam wissen muß, a.a.O., S. 65.
34 Antes, a.a.O., S. 159.
35 Haas-Rupp, a.a.O.

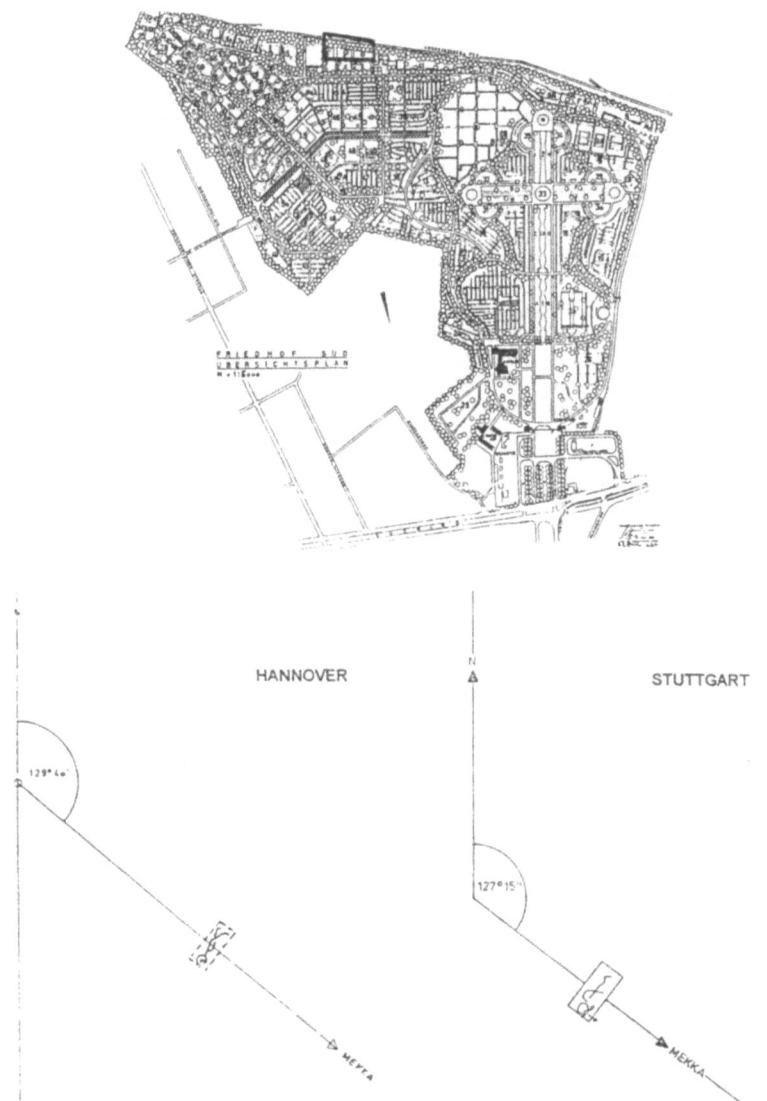

Abb. 26: Südfriedhof in Düsseldorf. Der islamische Teil (oben) liegt wie hier meist am Rande des Friedhofs und ist teilweise nicht größer als 100 Quadratmeter
Abb. 27: Ausrichtung islamischer Gräber nach Mekka

Islamische Bestattung auf kommunalen Friedhöfen 77

Abb. 28: Wegen der Ausrichtung der Gräber nach Mekka sieht man sie (hier: Friedhof Öjendorf in Hamburg) beim Betreten des Grabfeldes zunächst von schräg hinten.
Abb. 29: Waldfriedhof Oberrad, Frankfurt/Main: wie hier werden an islamische Gräber überdurchschnittlich viele Platten gelegt.

Abb. 30 und 31: Die auf islamischen Grabdenkmälern am häufigsten verwendeten Symbole sind Halbmond, Stern und Rose

Islamische Bestattung auf kommunalen Friedhöfen 79

Abb. 32: Islamischer Friedhof am Columbiadamm in Berlin. Die Grabgestaltung mit ihren steinernen Abdeckungen und Umrandungen orientiert sich an islamischen Traditionen.
Abb. 33: Islamische Gräber werden meist eingefaßt.

Abb. 34: Beispiele von islamischen Grabdenkmälern

Islamische Bestattung auf kommunalen Friedhöfen 81

Abb. 35 und 36: Islamische Grabfelder auf den Friedhöfen am Hallo und Öjendorf

Abb. 37: Islamische Grabfelder auf dem Friedhof Oberrad
Abb. 38: Verwilderte Kindergräber auf dem Friedhof am Hallo

Die Bestattung von Muslimen in der Bundesrepublik aus der Sicht türkisch-islamischer Organisationen

Yasemin Karakaşoğlu

Problembereiche im Zusammenhang mit dem komplexen Thema "Migration und Migranten" werden im allgemeinen von der Wissenschaft erst dann als Forschungsgegenstand angenommen, wenn das Problem sich deutlich erkennbar stellt, selten geschieht dies bereits im Vorfeld, als eine Art "Frühwarnsystem". Damit "hinkt" die Migrationsforschung naturgemäß ihrem Forschungsgegenstand zeitlich immer etwas hinterher. In den frühen sechziger Jahren kamen die angeworbenen Arbeitskräfte aus dem Mittelmeerraum, die Beschäftigung mit den sogenannten "Gastarbeitern", die ja nur vorübergehend in der Bundesrepublik leben sollten, versprach zunächst wenig Ergiebiges für die Forschung. In den siebziger Jahren, als sich der längerfristige Verbleib der "Gastarbeiter" abzuzeichnen begann, befaßte man sich mit der Thematik "Ausländische Arbeitnehmer". Im Zuge des zunehmenden Familiennachzugs erhielt die Frage der "ausländischen Kinder und Jugendlichen" Brisanz. Mittlerweile beschäftigt sich die Forschung schon mit der "dritten Generation" der Migranten, wie sie nun genannt werden. Seit Anfang der neunziger Jahre tritt die Frage des Umgangs mit den ausländischen Rentnern zunehmend in den Vordergrund. Allein die Zahl der türkischen Rentner, die ihren ersten Wohnsitz in der Bundesrepublik haben, beträgt bereits 47 000, die Zahl derjenigen, die in naher Zukunft ins Rentenalter treten, ca. 107 000.[1]

Aber die Migranten werden nicht nur älter in Deutschland, sie sterben auch hier. Mit ihrem Tod in Deutschland stirbt auch ihre und die letzte Hoffnung ihrer Verwandten, daß eine Rückkehr, wenn auch nur zum Sterben, in die alte Heimat noch möglich ist. Daß die in den sechziger Jahren angeworbenen ausländischen Arbeitnehmer nun in das Alter kommen, in dem sie sich mit dem Tod auseinandersetzen müssen bzw. sterben, ist das makabre, aber deutlichste Zeichen dafür, daß die ehemaligen Gastarbeiter ein Bestandteil der Gesellschaft in Deutschland geworden sind, und dies auf allen Ebenen und in allen Altersstufen. Die Migranten eint der Alptraum "Sterben in der Fremde", der ein endgültiger Beweis dafür ist, daß man vor über 30 Jahren die Heimat für immer verlassen hat. Während jedoch im Falle der Angehörigen christlicher Religionsgemeinschaften oder der sich zu keiner Religion zugehörig fühlenden Migranten dieses Sterben in der Fremde wenigstens bezüglich ihrer Bestattung als Christen oder Atheisten kaum Fragen aufwirft, stellen sich im Falle der muslimischen Migranten zahlreiche Probleme. Dabei sollte auch die zahlenmäßige Stärke dieser Migrantengruppe berücksichtigt werden. Angesichts einer geschätzten Zahl von ca. 2,5 Mill. Muslimen in der Bundesrepublik wird die deutsche Gesellschaft und der Behördenapparat auch in Fragen des Umgangs mit muslimischen Verstorbenen vor neue Herausforderungen gestellt. Hintergrund hierfür sind die von christlichen bzw. säkularen Beerdigungsritualen abweichenden Beerdigungsvorschriften des Islam, die nicht selten mit den kommunalen Friedhofsordnungen kollidieren. Bisher wurde die Kollision des bundesdeutschen Friedhofsrechts mit den islamischen Beerdigungsritualen nur in Einzelfällen erlebt, die weitaus überwiegende Mehrzahl der Muslime ließ und läßt sich nach ihrem Ableben bisher noch in die ursprüngliche Heimat überführen.[2] Es gibt mittlerweile jedoch eine noch kleine, allmählich zunehmende Zahl von Personen, die sich in der Bundesrepublik beerdigen lassen.

Ziel dieses Beitrages ist es, einen allgemeinen Überblick über die Praxis von türkisch-muslimischen Beerdigungen in Deutschland zu geben. Zunächst wurden daher allgemeine Informationen, die ich zum Thema Beerdigung und besondere Bedürfnisse von Muslimen von offiziellen deutschen Stellen erhalten habe, zusammengestellt.[3] Diese bilden einen notwendigen Rahmen für die Aussagen der Vertreter und Mitglieder islamischer Organisationen hierzu, die ich im zweiten Teil des Aufsatzes anhand von Originalzitaten vorstellen möchte.[4] Die Zitate wurden einer Studie des Zentrums für Türkeistudien, die im Sommer 1994 in Hessen entstand, entnommen.[5] Eine abschließende Vorstellung des Systems der Beerdigungs-Fonds, wie sie heute von den meisten türkisch-islamischen Organisationen angeboten werden, verdeutlicht die derzeitig von türkischen Muslimen aus Deutschland deutlich bevorzugte Beerdigungsform.

Islamische Bestattungen in der Türkei

Erinnern wir uns zunächst an die wichtigsten Merkmale einer Bestattung nach islamisch-hanafitischem Ritus der türkischen Tradition.[6] Zunächst erfolgt die rituelle Waschung des Toten, die zu Hause oder in einem dafür vorgesehenen Gebäude auf dem Friedhofsgelände, heute jedoch auch häufig im Krankenhaus durch Personen vorgenommen wird, die die Regeln der Totenwäsche kennen - meist unter Anleitung eines Imams; es gilt als verdienstvoll, wenn Familienmitglieder ihnen dabei Hilfe leisten. Wichtig ist, daß sie möglichst rasch (der Tote soll nicht unnötig lange mit dem Diesseits verbunden sein, da er bzw. seine Seele nun nach islamischem Verständnis bereits einer anderen Welt angehört) und behutsam (der Körper leidet Schmerzen bei dem Versuch der Seele, ihn zu verlassen, die Waschung soll ihn nicht zusätzlichen Qualen aussetzen) nach dem Ableben des Verstorbenen und nur mit fließendem Wasser (nur dies ist rituell rein) vorgenommen wird. Der Tote wird dann in das weiße, ungebleichte und ungenähte Nesseltuch eingehüllt, das bei Männern aus drei, bei Frauen aus fünf Stücken des gleichen Stoffes besteht - bei letzteren erfolgt eine zusätzliche Bedeckung des Brustbereiches (*göğüs bağı*) sowie des Kopfes (*başörtüsü*) -, und in einem nur dem Transport dienenden Sarg von den Männern zur Moschee gebracht. Die Frauen bleiben in der Regel im Haus, wo in vielen Regionen Totenklagen (*ağıt*), die die/den Verstorbene/n loben, angestimmt werden.[7] Vor der Moschee wird der/die Tote aufgebahrt. Es findet ein Gemeinschaftsgebet statt. Der Imam tritt bei Männern an das Kopf-, bei Frauen an das Fußende des Sarges und beginnt nach Aussprechen der *niyet* (Absichtserklärung) mit vier *tekbir* (Gott ist Groß) das *cenaze namazı* (Totengebet), das aus der Rezitation der Eingangssure des Korans (*fatiha*), einer Lobrede auf Muhammed und je einem *dua* (Gebet) auf den Verstorbenen und seine Angehörigen besteht. Schließlich fragt der Imam die anwesende Gemeinde mit den Worten "*bu müslüman kardeşinizi nasıl bilirsiniz?*" (sinngemäß: Wie kennt Ihr diesen Euren muslimischen Bruder bzw. Eure muslimische Schwester?), ob sie den Verstorbenen als guten Muslim/gute Muslimin in Erinnerung habe, ob er/sie ein guter Freund, guter Nachbar gewesen sei. Die Gemeinde antwortet darauf mit einem "*iyi biliriz*" (sinngemäß: Wir kennen ihn als guten Muslim, Freund, Nachbarn). Damit ist vor allem gemeint, daß er/sie sich im Sinne des Islam und gegenüber der Gemeinde der Gläubigen nichts zuschulden kommen ließ. Der Vorgang, der hiermit abgeschlossen wird, nennt sich auf Türkisch *hakkını helal etmek* (gemeint ist damit: jemanden von sämtlichen Verpflichtungen, die er gegenüber den einzelnen Mitgliedern der Familie und der Gemeinde hatte, zu befreien).

Damit ist ein Bruch zwischen der diesseitigen Welt und dem Toten, der dieser Welt nicht mehr angehört, eingeleitet. Nach dem Ende der Zeremonie in der Moschee bzw. im Moscheehof wird der Tote, von der Gemeinde begleitet, zum Friedhof gebracht. Es gilt als besonders verdienstvoll, wenn sich die Träger, die keine professionellen Sargträger, sondern nahe Angehörige bzw. Freunde der/des Verstorbenen waren, beim Tragen abwechseln. Beim Grab angekommen, wird der Tote seitlich liegend, mit dem Gesicht nach Mekka in die vorbereitete Grabnische gelegt. Dann belehrt der Imam den Toten ein letztes Mal über die Antworten, die er den Grabesengeln bei der Befragung im Grab nach seinem Gott, Allah, seinem Propheten, Muhammed, seiner Religion, Islam und seiner Gebetsrichtung, Mekka, zu geben hat, um die Verheißung des Paradieses bereits im Grab vernehmen zu können. Schließlich wird das Grab von der Gemeinde gemeinsam geschlossen. Es wird nach traditioneller Vorstellung nur mit einem mit einer Inschrift versehenen Stein am Kopfende, manchmal auch an Kopf- und Fußende des Grabes, kenntlich gemacht. Weiterer Grabschmuck bzw. eine regelmäßige Grabpflege sind in der Regel in der Türkei unüblich. Streng der Überlieferung folgend, daß ein Grab nicht zum Wallfahrtsort für die Gläubigen werden soll, verzichten einige Muslime ganz auf die Kenntlichmachung des Grabes durch einen Grabstein.

Rahmenbedingungen für islamische Bestattungen in Deutschland

Nach diesem kurzen Blick auf die Tradition und den Ritus, wie er in der Regel im Herkunftsland Türkei vollzogen wird, werfen wir nun einen Blick auf die Rahmenbedingungen von Beerdigungen von Muslimen in Deutschland. Diese Darstellung erhebt keinen Anspruch auf Vollständigkeit. Sie soll lediglich anhand ausgewählter Städte exemplarisch verdeutlichen, mit welchen Bedingungen und, damit verbunden, mit welchen Schwierigkeiten Muslime konfrontiert werden, die einen Angehörigen in der Bundesrepublik beisetzen möchten oder - wie im Falle von Asylberechtigten - müssen. Die Problembereiche konzentrieren sich - wie wir sehen werden - auf die Anlage islamischer Gräberfelder auf kommunalen Friedhöfen sowie die Anlage eigener islamischer Friedhöfe in Deutschland.

Allgemein gilt beispielsweise in Nordrhein-Westfalen, daß für die Neuanlegung islamischer Gräberfelder die Kommunen zuständig sind, die allerdings eine Genehmigung durch die Aufsichtsbehörde einholen müssen. Die Gemeinde weist in der Regel ein gemeindeeigenes Feld für die Friedhofsnutzung aus; Landeszuständigkeit ist nicht gegeben. Über die Ausweisung eigener Friedhöfe für Muslime entscheidet die Aufsichtsbehörde.[8] Eine Nachfrage beim Innenministerium von Nordrhein-Westfalen ergab, daß dem Ministerium bisher kein Antrag einer islamischen Religionsgemeinschaft auf Einrichtung eines eigenen Friedhofes vorliegt. Die Einrichtung eines eigenen Friedhofes wäre nach der derzeitigen Rechtslage auch nur in Form einer "privaten Begräbnisstätte" möglich, die bei der Friedhofsbehörde beantragt und von der Aufsichtsbehörde genehmigt werden muß. Einen eigenen konfessionellen Friedhof können islamische Gemeinden derzeit nicht beantragen, da sie nicht den Status einer Körperschaft öffentlichen Rechts besitzen. Hier kollidieren Vorstellungen von einer Kirche und ihrem Vertretungsanspruch der Gläubigen gegenüber staatlichen Institutionen mit dem Fehlen einer ähnlichen Organisationsstruktur bei den muslimischen Gläubigen, deren islamischer Tradition die Institution einer Kirche fremd ist. Dennoch haben sich in Deutschland inzwischen zahlreiche Moscheevereine zu Dachverbänden und diese wiederum zu sog. Spitzenverbänden zusammengeschlossen und reagieren so auf die Forderung der Mehrheitsgesellschaft nach einem zentralen Ansprechpartner für die Muslime. Auf diese Organisationen gehe ich weiter unten ein.

Stefan Muckel kommt in seinen Ausführungen zu der Frage, inwieweit islamische Gemeinschaften den Status einer Körperschaft öffentlichen Rechts in Anspruch nehmen können, zu dem Schluß, daß "in Deutschland noch keine muslimische Organisation [besteht - Y.K.], die die Voraussetzung einer Verleihung der Körperschaftsrechte nach Art. 140 GG i.V.m. Art. 137 Abs. 5 Satz 2 WRV erfüllt". Er führt ferner aus: "Soweit muslimische Gemeinschaften den

Anforderungen genügen, die an eine Religionsgemeinschaft im Sinne dieser Vorschrift zu stellen sind, fehlt ihnen derzeit noch eine 'Verfassung', die sie in den Stand setzt, ein partnerschaftliches, auf dauerhafte Kooperation angelegtes Verhältnis zum Staat zu entwickeln."[9]

Die Behörden selbst werden jedoch hinsichtlich eines islamischen Friedhofes erst dann in Aktion treten, wenn eine entsprechende Nachfrage von einer die Muslime repräsentierenden Institution gekommen ist. Daher ist die am meisten verbreitete Form islamischer Friedhöfe die Einrichtung islamischer Gräberfelder auf kommunalen Friedhöfen, die die Mindestanforderungen der Muslime an eine Begräbnisstätte erfüllen. Das heißt, die Gräber sind nach Mekka ausgerichtet, und sie sind deutlich abgegrenzt von den übrigen Gräbern der Nichtmuslime.[10] In Nordrhein-Westfalen gibt es solche Gräberfelder z.B. in Aachen, Bonn, Köln, Düsseldorf, Essen und Mönchen-Gladbach.

Um zu zeigen, wie die Einrichtung eines solchen Gräberfeldes vor sich gehen kann, wähle ich hier das Beispiel des Gräberfeldes für Muslime auf dem Hallo-Friedhof in Essen.[11] In Essen wurde bereits 1972 ein Ortstermin mit dem türkischen Generalkonsul (damals Herr İnan), dem Friedhofsleiter und einem Hoca durchgeführt, bei dem ein Gräberfeld für Muslime ausgesucht und nach Mekka ausgerichtet wurde.[12] Nach den damals vereinbarten Grundsätzen erfolgt die Beerdigung von Muslimen auch heute noch. Das heißt, die rituelle Waschung erfolgt nicht auf dem Friedhofsgelände, da sich dies nicht mit den Vorschriften des Gesundheitsamtes vereinbaren läßt, sondern in der Regel in der Moschee. Der Verstorbene wird bis zum Grab im Sarg transportiert.[13] Die Leiche kann auf Wunsch der Angehörigen im Leichentuch beerdigt werden, was im gesamten Bundesgebiet nur noch auf dem islamischen Gräberfeld in Aachen möglich ist. Es handelt sich hierbei nicht um eine feste Verordnung, sondern um eine Art "Duldung". Bisher wurden insgesamt ca. 460 Muslime auf dem Essener Friedhof beerdigt, davon ca. 100 im letzten Jahr. Bei ihnen soll es sich nach Auskunft des Garten- und Friedhofsamtes zumeist um Personen aus Libanon oder Afghanistan bzw. in letzter Zeit auch verstärkt aus Bosnien gehandelt haben. Das ist ein Hinweis darauf, daß nach wie vor überwiegend Personen auf den islamischen Gräberfeldern beerdigt werden, in deren Heimatländern die politische Situation keine einfache Abwicklung der Beerdigungsformalitäten ermöglicht, insbesondere dann, wenn die Verstorbenen politisch verfolgt waren.[14]

Allerdings zeichnet sich auch in Essen längerfristig ein Wandel ab. Die Tatsache, daß die zweite Generation ihre verstorbenen Kinder hier beerdigen läßt, macht deutlich, daß, so Murat Onat, ein Vertreter der Türkischen Gemeinde in Essen, die türkischen Muslime dazu tendieren, in Zukunft ihre Toten in Deutschland beerdigen zu lassen, insbesondere wegen der hohen Kosten einer Überführung in die ehemalige Heimat. Die islamischen Gräberfelder werden nach Ablauf der Mietzeit zwar eingeebnet, jedoch nicht geleert.

Derzeit habe es auch noch keine Probleme bezüglich einer Doppelbelegung gegeben, da die Kapazitäten noch nicht ausgelastet seien, so ein Vertreter des Garten- und Friedhofsamtes.

Ein Beispiel, wie speziell auf Initiative der Betroffenen hin ein entsprechendes Gräberfeld angelegt wurde, stellt der Friedhof in Neuwied dar. Hier wurde auf Bitte der muslimischen Bevölkerung, die 140 Unterschriften zur Einrichtung eines islamischen Gräberfeldes sammelte, 1991/92 auf dem städtischen Friedhof ein Bereich für Muslime eingerichtet. Die Gräber (momentan zehn bis zwölf) sind nach Angabe muslimischer Bürger nach Mekka ausgerichtet worden. Ansonsten gelten verbindlich die Reglements der Friedhofsverwaltung, d.h. Beerdigung im Sarg und Reihengräber auf 20 Jahre befristet. Es gab seitens der muslimischen Bevölkerung bisher keine Einwände gegen diese Regelung.

In Frankfurt/Main hat man schon sehr früh mit dem Anlegen eigener Reihengräberfelder für Muslime begonnen.[15] Auf dem Waldfriedhof in Oberrad bestehen seit 1961 zwei Reihengräberfelder für Muslime. Es wurde darauf geachtet, daß die Verstorbenen mit dem Blick nach Mekka beerdigt werden können. Die islamischen Gräberfelder sind durch Anpflanzungen vom übrigen Friedhofsteil getrennt.

In Frankfurt beträgt die Ruhefrist 20 Jahre. Die rituelle Waschung des Leichnams kann auf dem Hauptfriedhof oder auf dem Parkfriedhof vorgenommen werden. Die Trauerzeremonien können unter dem Vordach zur Trauerhalle des Waldfriedhofes Oberrad und an der Grabstätte stattfinden. Es ist auch möglich, daß die Angehörigen den Sarg auf den Schultern zur Grabstätte tragen. Eine Bestattung der Toten im Leichentuch wird in Frankfurt mit Bezug auf das Bestattungsgesetz nicht erlaubt.[16] Hingegen können die Angehörigen auf Wunsch das Grab selbst schließen. Die Friedhofsordnung wird in Frankfurt bewußt großzügig ausgelegt. Das betrifft auch die Pflege der Gräber, wo man Verständnis dafür zeigt, daß der Islam keine traditionelle Grabpflege kennt bzw. keine Verwandten da sind, um die Gräber zu pflegen. Auch wenn die Frist der Grabmiete abgelaufen ist, wird das Grab nicht "geräumt", sondern nur eingeebnet und mit Gras bepflanzt. Sterbliche Überreste werden bei einer Neubelegung tiefergelegt. Auf anderen Friedhöfen Frankfurts kann die Berücksichtigung der islamischen Beerdigungsriten aufgrund personeller und organisatorischer Gründe nicht garantiert werden.

Das Beispiel Köln bietet Einblicke in Problembereiche, die sich nun, etwa 20 Jahre nach der Erstbelegung der Gräberfelder für Muslime, stellen.[17] Auf dem Westfriedhof Köln-Bocklemünd gibt es seit 1973 ein islamisches Gräberfeld. Im Zeitraum zwischen 1973 und 1984 wurden hier 406 Gräber belegt. Viel Verwirrung rief das Aufstellen eines Schildes im Gebiet der islamischen Gräberfelder bei den Muslimen hervor, das darüber informierte, daß die Nutzung der Reihengräber abgelaufen sei und die Angehörigen die Gelegenheit hätten, binnen einer festgesetzten Frist das Grabmal und das Beet zu räumen. Nach der Räumung werde die Fläche gänzlich eingeebnet und mit Rasen begrünt. Die Reaktion in der türkischen Presse zeigt jedoch, daß die Betroffenen nicht damit gerechnet hatten, daß die Gräber eines Tages eingeebnet werden könnten. Dieser Fall dürfte symptomatisch dafür sein, daß viele Türken heute wie damals nicht wissen, daß Gräber auf deutschen Friedhöfen nur gemietet und nach Ablauf der Mietfrist eingeebnet werden können, wenn die Frist nicht seitens der Angehörigen verlängert wird.[18] Spätestens alle 25 Jahre muß z.B. in Köln der Gräber-Kaufvertrag erneuert werden.

Ein besonderes Problem für die Muslime stellte im Falle von Köln die Tatsache dar, daß ihnen nicht versichert werden konnte, daß nach Einebnung der Felder nur muslimische Verstorbene dort begraben würden.[19] Der Gedanke jedoch, mit Nichtmuslimen in der gleichen Grabstätte zu liegen, ist für einen gläubigen Muslim undenkbar, harrt er doch nach seiner Vorstellung im Grab dem Tag des Jüngsten Gerichts. Ein weiteres Problem ist die sichere Ausrichtung der Gräber nach Mekka, die in Köln ebenfalls nicht garantiert sei. Ein ähnliches Problem wie in Köln stellte sich im November 1995 in München. Hier gab die Friedhofsverwaltung bekannt, daß die Folgemiete für 83 Gräber des islamischen Gräberfeldes seit Jahren nicht mehr bezahlt worden sei.[20] So hätten sich über die Jahre Schulden in Höhe von über 31 000 DM angesammelt. Nun will sich die Yeni Cami-Moschee, die sich bisher um die Gräber gekümmert habe, aufgrund eines Personalwechsels in der Führung jedoch mit der Zahlung in Verzug geraten sei, um die Angelegenheit kümmern.

Es ist anzunehmen, daß die Betroffenen nicht ausreichend über die deutsche Friedhofsordnung informiert sind. Daher zeigen sich viele bestürzt über die für sie offenbar plötzliche Erkenntnis, daß die Gräber eine gewisse Laufzeit haben und nach Ablauf der Zeit eine Einebnung erfolgt, die eine spätere Neubelegung möglich macht. Die Einteilung in Wahlgräber,[21] die man je nach Region für bis zu 30 Jahre kaufen kann und deren Kaufzeit verlängerbar ist, sowie in Reihengräber, die zwar kostengünstiger, jedoch nur auf zwölf Jahre begrenzt sind, scheint vielen unbekannt zu sein. Frau Karakaşlı berichtete, daß die meisten ihrer türkischen Kunden Reihengräber bevorzugten. Mißverständlich und vielleicht das Unverständnis der türkischen Seite für die Einebnung der Gräber nach Ablaufen der Frist erklärend könnte der im Zusammenhang mit den Gräbern gebrauchte Begriff "Kauf einer Grabstätte" sein. Er vermittelt den Eindruck, daß eine Grabstätte tatsächlich Eigentum desjenigen ist, der sie "gekauft" hat. Daß mit der Ablauffrist dieser "Kauf" eher den Charakter einer "Miete" hat, dürfte einigen Betroffenen entgangen sein. Vielleicht handelt es sich hier aber auch um ein Verdrängen der Tatsache, daß das Grab nicht auf ewig im Besitz des Toten ist. Aufgrund mangelnder tiefergehender Einblicke kann hier nur spekuliert werden.

Einblicke in Einstellungen von Vertretern und Mitgliedern türkisch-islamischer Organisationen in Deutschland zur Beerdigung von Muslimen in Deutschland

Es gibt acht größere Dachverbände von türkischen Muslimen in Deutschland, die sich in bezug auf ihre politische Ausrichtung und die Einstellung zu einem islamischen Staatswesen unterscheiden, nicht jedoch in bezug auf ihre Forderungen als Migrantenorganisationen hinsichtlich der Interessen von Muslimen in Deutschland. Eine kurze Übersicht über die Organisationen soll hier anhand ihrer namentlichen Auflistung, ihres Gründungsdatums und anhand einer Charakterisierung als "islamistisch" bzw. "säkular" Einblicke in ihre Vielfalt geben.[22] Ausdrücklich soll hier darauf hingewiesen werden, daß "islamistische Ausrichtung" einen fundamentalistischen Umgang mit dem Koran und den weiteren islamischen Quellen meint, nicht jedoch automatisch gleichgesetzt werden kann mit politischem Terror bzw. Gewaltanwendung.

Als größter Verband ist der 1982 gegründete und seitens der türkischen Regierung über die diplomatischen Vertretungen koordinierte Dachverband *Diyanet İşleri Türk İslam Birliği* (DİTİB, Türkisch-Islamische Union der Anstalt für Religion e.V.) mit 740 Vereinen und über 100 000 Mitgliedern[23] zu nennen. Als Vertreter des türkischen Staatsislam sind seine Vertreter dazu angehalten, die türkische Auffassung von Säkularismus, den Laizismus, zu propagieren.

Seit 1975 besteht der heute zweitgrößte, allerdings nicht laizistisch, sondern islamistisch orientierte Dachverband *Avrupa Milli Görüş Teşkilatları* (AMGT, Vereinigung der Neuen Weltsicht in Europa e.V.) mit 539 Vereinen und ca. 40 000 Mitgliedern in Europa. Er stellt einen Zweig der türkischen Wohlfahrtspartei (RP) in Europa dar, mit der er auch personell verbunden ist. Dies zeigt sich daran, daß einige seiner führenden Mitglieder bei den letzten allgemeinen Wahlen für die RP kandidiert haben. Seit Februar 1995 hat sich die Vereinigung eine neue Struktur gegeben und tritt nun in Form von zwei Vereinigungen, zum einen als *Avrupa Cami Yapma ve Yaşatma Birliği* (Europäische Vereinigung zur Errichtung und Erhaltung von Moscheen), zum anderen als *İslam Toplumu Milli Görüş* (Islamische Gemeinschaft der Neuen Weltsicht) auf.

Daneben existiert der *İslam Kültür Merkezleri Birliği* (İKMB, Verband der Islamischen Kulturzentren e.V.), aufgrund seines Bezuges zu der mystischen türkischen Süleymancı-Bewegung auch "Süleymanisten" genannt, der zwar im Hinblick auf seine Mitglieder eine konservative bis islamistische Haltung verfolgt, jedoch keine offene Präferenz für eine bestimmte politische Partei in der Türkei propagiert. Er verfügt über 250 Vereine und insgesamt 20 000 Mitglieder in Deutschland.

Die militant islamistisch agierenden Kaplan-Anhänger, organisiert in der *İslam Cemaatleri ve Cemiyetleri Birliği* (CCB, Föderation der Islamischen Gemeinden und Gemeinschaften) verfügten noch Anfang 1995 über ca. 50 Vereine und 3000 Mitglieder. Seit dem Tod ihres Führers Cemalettin Kaplan, in Deutschland auch bekannt als "Khomeini von Köln", im Mai 1995 scheinen diese in Splittergruppen versprengt zu sein.

Die islamisch-türkischen Nationalisten sind in zwei Dachverbänden organisiert. *Avrupa Türk İslam Birliği* (ATİB, Türkisch-Islamische Union in Europa) ist ein Verband, der sich unter Führung des ehemaligen Vorsitzenden der *Avrupa Demokratik Ülkücü Türk Dernekleri Federasyonu* (ADÜTDF, Föderation der Türkisch-Demokratischen Idealistenvereine), Musa Serdar Çelebi, 1987 von letzterem Dachverband abgespalten hat. Er verfügt über 122 Vereine und 11 000 Mitglieder. Seine Linie unterscheidet sich insofern von der-jenigen des ADÜTDF, als die ATİB ein stärkeres Gewicht auf die islamische Orientierung legt und sich stark von den Gewalttätigkeiten, an denen seine Mitglieder in den siebziger und Anfang der achtziger Jahre als Vertreter einer extremen türkistischen Organisation ("Idealistenvereine") beteiligt waren, distanziert.

Der ADÜTDF ist auch bekannt unter dem Namen "Graue Wölfe"; er koordiniert ca. 180 Vereine in Deutschland. Auch wenn das islamische Element in der türkisch-nationalistischen Ideologie dieses Verbandes, der eine deutliche Verbindung zur MÇP von Alparslan Türkeş aufweist, an Bedeutung gewinnt, so stehen doch im Mittelpunkt eher das Türkentum und die Vereinigung mit den Turkvölkern in Zentralasien zu einem imaginären Staatsgebilde mit Namen "Turan".

Intellektueller ausgerichtet und ohne deutlichen zu einer türkischen Partei stellt sich der Orden der *Nurculuk/Islamische Gemeinschaft Jama'at un-Nur e.V.* dar. Seit 1967 ist er in Deutschland aktiv, seit 1979 wurde er auf eine Vereinsgrundlage gestellt. Er betreibt ca. 30 Ausbildungsstätten im Bundesgebiet, die die "Schüler des Lichts", wie sich die Anhänger des Ordens nennen, in der Lehre des Ordensgründers Said Nursi unterrichten. Die Vereinsgebäude sind in erster Linie religiöse Bildungsstätten, zu denen selbstverständlich ein Gebetsraum gehört. In Deutschland hat der Orden ca. 6000 Mitglieder.

Seit 1967 gibt es alevitisch-bektaschitische Vereine in Deutschland, jedoch erst 1991 gründeten einige von ihnen einen eigenen Dachverband als Gegengewicht zu der großen Zahl sunnitisch-islamischer Vereine und Verbände, die bis dahin das Bild des Islam in Deutschland dominierten. Der *Alevi Birlikleri Federasyonu* (ABF, Dachverband der Aleviten-Gemeinden e.V.) verfügt zur Zeit über 82 Vereine mit 10 000 Mitgliedern in ganz Deutschland. Er versteht sich dezidiert als säkularer Verband, der die Vermischung von Religion und Politik scharf ablehnt, jedoch auf kultureller Ebene mehr Selbstbestimmungsmöglichkeiten für die Aleviten in der Türkei und in Deutschland einfordert.

Bislang existiert kein gemeinsamer Dachverband aller türkisch-islamischen Gemeinden, jedoch zeichnet sich ein immer deutlicherer Trend zur Bildung einer zentralen Instanz ab, die die Interessen der Muslime gegenüber der Mehrheitsgesellschaft vertreten soll. Als erste solche Instanz wurde 1986 der *Islamrat* für die Bundesrepublik Deutschland in Berlin gegründet. Mitglieder sind vor allem die AMGT und zahlreiche ihr nahestehende Organisationen.

1991 gründete sich der *Islamische Arbeitskreis* in Deutschland, der von einer Reihe von Organisationen ins Leben gerufen worden war, die sich nicht mit den Zielen des Islamrates identifizierten. Im Dezember 1994 wurde er in *Zentralrat der Muslime in Deutschland* umbenannt. Mitglieder sind u.a. der IKMB und DİTİB.

Diese Organisationslandschaft muß berücksichtigt werden, wenn man Aussagen über den organisierten türkischen Islam in Deutschland treffen will.

Als Ergebnis der zahlreichen Interviews, die in Nordrhein-Westfalen und Hessen mit Vertretern türkisch-islamischer Organisationen durchgeführt wurden, läßt sich feststellen, daß die Frage der Beerdigung und der Friedhöfe für die meisten derzeit noch kein zentrales Problem darstellt, mit dessen Beschäftigung sich die Organisationen profilieren könnten. Bei unseren Fragen nach allgemeinen Problemen von Muslimen im Alltagsleben in Deutschland kamen der Reihenfolge nach folgende Themen zur Sprache:
- Ausländerfeindlichkeit,
- Probleme beim Kauf von Gebäuden bzw. Bau von Moscheen,
- fehlende Erlaubnis des Schächtens,
- fehlende finanzielle Unterstützung der Moscheeaktivitäten durch offizielle deutsche Stellen,
- islamischer Religionsunterricht,
- Befreiung der Mädchen vom Sportunterricht.

Erst bei genauerem Nachfragen haben wir Aussagen zur Frage der Beerdigung von Muslimen in Deutschland erhalten. Im folgenden wird mit dem Bezug zur jeweiligen Mitgliedschaft in einem der genannten türkisch-islamischen Vereine aus den Tiefeninterviews zitiert. Eine Zusammenstellung der Aussagen gibt einen guten Überblick über verschiedene Einstellungen zur Bestattung in Deutschland, wobei schon jetzt darauf hingewiesen werden soll, daß eine für eine bestimmte Organisation typische Einstellung nicht festzustellen war. Es muß dabei vor allem berücksichtigt werden, daß die Befragung eine Vielzahl von Themen beinhaltete und die Frage der Beerdigung nur einer von vielen Problembereichen, nicht der Hauptgegenstand war. Namen sollen hier nicht genannt werden, da keine Absprache über die Veröffentlichung der Interviewergebnisse mit den Betroffenen getroffen werden konnte.

Ein lokaler Vertreter der DİTİB im Kreis Bergstraße in Hessen erklärte zu diesem Thema:

"Wir haben diesbezüglich (Erwerb von Friedhöfen für Muslime in Deutschland) noch keine Aktivitäten gezeigt. Das Problem ist auch, seitdem wir diese Überführungsaktion [siehe unten] gestartet haben, weitgehend gelöst. Die Angehörigen wissen sich gut betreut und ihre Toten sicher in die Heimat überführt. Die derzeitige Generation, also die erste Generation, ist noch überwiegend dafür, in die Türkei überführt zu werden. Und so werden sie auch dorthin gebracht. Aber natürlich wird dies in Zukunft ein Problem werden. Die dritte Generation wird vielleicht hier ihre Heimat finden, und dann wird dieses Thema auch auf die Tagesordnung kommen, ohne Zweifel."

Dem Interviewausschnitt ist zu entnehmen, daß das Problem der Beerdigung nach Meinung des Befragten vorübergehend befriedigend mit dem Überführungsfonds gelöst ist, er sich aber durchaus bewußt ist, daß langfristig andere Lösungen entwickelt werden müssen.

Wie selbstverständlich eine Überführung der Toten in die Türkei für die türkischen Muslime in Deutschland ist, zeigen auch die beiden folgenden Interviewausschnitte von Vertretern derselben Organisation aus zwei Orten in Hessen. So war einer der Befragten aus Haiger ebenfalls davon überzeugt, daß noch kein Bedarf an Begräbnisstätten für Muslime in Deutschland bestehe:

"Zur Zeit ist das auch gar nicht erwünscht. Die Menschen hier, die wurden aus Mittelanatolien herausgerissen. Wenn hier jemand stirbt, dann wird seine Leiche sowieso in die Türkei geschickt. Ich persönlich bin nicht dafür, daß sie hier beerdigt werden."

Ein anderer aus Dillenburg meinte:

"Ich kenne keinen Ort hier in Hessen, wo es einen Friedhof für Muslime gibt. Wir denken auch noch nicht daran, so etwas zu beantragen. Ich fände es schon gut. Wer will, kann dann hierbleiben, die anderen werden in die Heimat zurückgebracht. Aber derzeit, wissen Sie, haben wir ja diesen Überführungsfonds. Und wir werben immer mehr Mitglieder für den Fonds, und viele treten bei. Und die meisten denken wohl auch wie ich. Schließlich kostet es ja fast nichts. Der Tote wird überführt und direkt in seinem Heimatort in seinem alten Haus übergeben."

Ein weiterer Vertreter von DİTİB bestätigt die von seinen Kollegen gemachten Aussagen und gibt einen Einblick in die Praxis der Nächstenhilfe innerhalb der Organisationen:

"Nein, wir haben hier keinen islamischen Friedhof. Keiner würde das hier nutzen. Aber vor drei, vier Jahren, da ist ein Kind von einem von Milli Görüş gestorben, und sie haben es in Köln beerdigt. Damals war es ihnen verboten, in die Türkei zu gehen, deshalb haben sie aus lauter Angst das Kind in Köln beerdigt. Nein, einen islamischen Friedhof finde ich nicht notwendig. Jeder läßt seine Angehörigen in die Türkei überführen, sie

> würden sie hier nicht beerdigen. Auch wenn jemand kein Geld hat, dann legen halt alle zusammen, und der Tote wird in die Türkei geschickt. Einer hatte nach 25 Jahren nicht einen Pfennig. Die Gemeinde hat dann zusammengelegt, und wir haben ihn, Gott sei es gelobt, in die Heimat zurückgeschickt."

Ein Vertreter der AMGT aus Essen bestätigt die Aussage, daß das Thema Friedhof derzeit noch nicht zu den zentralen Themen der Organisationen gehört, er gibt jedoch auch einen Hinweis darauf, daß es vor allem dann, wenn ein Kind in der Bundesrepublik gestorben ist, üblich ist, es hier zu beerdigen:

> "Wir haben hier in Essen einen Platz für die Muslime, der wurde - glaube ich - von der Stadtverwaltung eingerichtet. Diejenigen von unseren Freunden, deren Kinder gestorben sind, die beerdigen sie dort. Wenn sie ihre Toten nicht in der Türkei oder in anderen muslimischen Ländern beerdigen lassen, dann machen sie es hier. Also im allgemeinen werden diejenigen, die hier sterben, in die Türkei gebracht bzw. geschickt. Außerdem, es gibt hier ja keinen Platz, der offiziell als muslimischer Friedhof ausgewiesen ist. Sie haben hier einen Platz am Rande ihres Friedhofes als Grabstätte für die Muslime ausgewiesen. Wir haben uns aber auch noch nicht mit diesem Thema befaßt, vielleicht auch aus Faulheit oder besser gesagt, weil alle, die hier in der Gemeinde mitarbeiten, ehrenamtlich tätig sind und sich mit anderen Problemen beschäftigen."

Ein anderes Mitglied der Milli Görüş in Haiger ist ebenfalls der Meinung, daß es derzeit keinen Bedarf an islamischen Friedhöfen in Deutschland gibt. Gefragt nach Aktivitäten seiner Organisation im Hinblick auf die Errichtung islamischer Friedhöfe, antwortet er:

> "Ich glaube, hier gibt es keine Bestrebungen, keine Vorstellungen. Schließlich gibt es doch diese Überführungsfirmen, die die Toten in die Türkei überführen."

Einem Gespräch mit dem Vorsitzenden der AMGT war zu entnehmen, daß die Frage des islamischen Friedhofes erst in den nächsten Jahren in Angriff genommen werden soll, diese zweitgrößte türkisch-islamische Organisation jedoch bereits Pläne für diese Zeit entwickelt:

> "In Hessen gibt es noch keinen islamischen Friedhof. Aber wir haben dort einen großen Grund gekauft, den wir als Friedhof nutzen wollen. Unsere dortigen Mitglieder arbeiten an diesem Entwurf. Er müßte nach islamischen Vorschriften angelegt werden. Wenn er nach den Vorschriften der Friedhofsverwaltung in Deutschland angelegt wird, dann entspricht dies nicht den islamischen Vorschriften. Ich glaube, daß wir in zwei bis drei Jahren so weit sein werden, einen eigenen Friedhof anlegen zu können. Bis jetzt überführen unsere Menschen jedoch ihre Toten in die Türkei. Aber diejenigen, die sich entschlossen haben, hierzubleiben, die werden

auch hier beerdigt werden wollen... Meine Meinung hierzu ist, daß ein Mensch nach islamischer Tradition dort beerdigt werden sollte, wo er gestorben ist. Dort, wo mehr als 100 Muslime leben, müßte ein Friedhof angelegt werden."

In der Frankfurter Zentrale von Milli Görüş erklärte die Vorsitzende der Akademikervereinigung:

"Was das Problem eines islamischen Friedhofes anbelangt, so habe ich da mal etwas gehört, ich bin mir nicht sicher, ob das so stimmt. Wir Muslime wollen im Leichentuch begraben werden, so wie es sich nach unserer Religion auch gehört. Ich habe gehört, das wird hier nicht erlaubt. Sie zwingen auch die Muslime, sich im Sarg beerdigen zu lassen."

Ein anderes Mitglied der Zentrale von Milli Görüş in Frankfurt meinte:

"Hier gibt es keine notwendige Infrastruktur. Wir können hier die Toten z.B. nicht waschen. Wir hätten es gerne gesehen, wenn die Stadtverwaltung, wo sie doch weiß, daß wir Muslime sind, ein kleines Gebäude auf dem Oberrader Friedhof bauen würde. Wenn wir dort dann unsere Toten waschen könnten und unsere Gebete verrichten, aber auch darauf müssen wir verzichten."

Ein Vertreter der ADÜTDF in Frankfurt war der Ansicht, daß der größte Teil der türkischen Muslime nicht die Möglichkeit nutzt, in Gräberfeldern für Muslime in Deutschland beerdigt zu werden, sondern sich lieber in die Heimat überführen läßt. Er war auch darüber informiert, daß es aus dem 18. Jahrhundert einen türkisch-islamischen Friedhof in Berlin gibt, auf dem Beerdigungen nach islamischem Ritus vorgenommen wurden. Ein anderer Vertreter der ADÜTDF meinte:

"Meiner Meinung nach hat keiner hier seine Toten in Deutschland gelassen. Hier gibt es auch noch keinen islamischen Friedhof in der Umgebung. Ich glaube auch nicht, daß es einen geben wird. Ich akzeptiere so etwas auch nicht. Keiner läßt seine Toten hier."

Eine ähnliche Meinung wie der AMGT-Vorsitzende hatte auch ein Vertreter der Kaplancı-Vereinigung, der sich in dem folgenden Interviewausschnitt in einer für seine Organisation erstaunlich offenen und pragmatischen Art äußert:

"Ich persönlich bin nicht der Meinung, die Toten sollten in die Türkei überführt werden. Ich meine, es wäre besser, wenn wir hier in Hessen einen Platz für einen Friedhof kaufen würden. Schließlich werden ja auch diejenigen unserer Brüder und Schwestern, die auf der *hac* in Mekka sterben, dort direkt beerdigt, man überführt sie nicht in die Türkei. Es gibt aus meiner Sicht nichts dagegen einzuwenden, hier einen Friedhof anzulegen und die Muslime hier zu beerdigen."

Für die Vereinigung der Aleviten-Gemeinden in Frankfurt scheint die Frage der Bestattung derzeit noch kein vorrangig zu behandelndes Problem darzustellen. Ein Vertreter der Organisation zeigte sich besonders gut informiert:

> "Vor einigen Jahren wurde in Wiesbaden ein Feld mit 90 Gräbern für die Muslime abgeteilt. Dort können die Muslime ihre Toten nach islamischen Vorschriften beerdigen. Aber ich weiß nicht, wieviele dieser Gräber schon belegt sind."

Eine Vertreterin der nicht nur auf türkische Muslime beschränkten Gemeinschaft islamischer Studenten und Studentinnen in Frankfurt erklärte, daß der einzige islamische Friedhof in der näheren Umgebung der Waldfriedhof in Sachsenhausen sei. Er sei jedoch überfüllt. Der nächste Friedhof dieser Art befinde sich in Aachen. Sie war der Ansicht, er sei Eigentum der Muslime. Tatsache ist jedoch, daß auf dem Friedhof nur ein Gräberfeld für Muslime reserviert wurde, wo sie nach islamischem Ritus auch im Leichentuch beerdigt werden können. Ihr Verein will in Zukunft den Selbsterwerb von Friedhöfen unterstützen. Dies insbesondere deswegen, weil der Transport eines Leichnams in die Heimat zwischen 6000 und 8000 DM koste, die Bestattung in Deutschland jedoch nur ca. 3500 DM. Ein weiteres Argument war:

> "Wenn man hier lebt, muß man wegen der Familienangehörigen auch genügend Friedhöfe hier haben".

In Hessen waren auch solche islamischen Gruppen befragt worden, deren Mitglieder zum großen Teil Asylbewerber bzw. Kriegsflüchtlinge sind. Vor allem für diese Organisationen ist die Beerdigung der Toten eine zentrale Frage, da eine Überführung in die Heimat aus politischen oder anderen Sicherheitsgründen oft nicht möglich ist. Als Betroffene des ersten Falls ist die Ahmadiyya-Bewegung zu nennen. In bezug auf die Kriegsflüchtlinge nehmen die bosnischen Muslime eine besondere Stellung ein. In Frankfurt berichtete uns ein Zuständiger, daß für die Flüchtlinge aus Bosnien-Herzogowina das Problem darin bestehe, daß es zwar in Frankfurt selbst islamische Gräberfelder auf einem Friedhof gebe, diese aber nur von offiziell Anwesenden genutzt werden könnten. Wenn jedoch ein in Frankfurt nicht registrierter Muslim sterbe, sei es mit bürokratischen Hindernissen verbunden, seine Beerdigung auf dem islamischen Gräberfeld zu erwirken. Darüber hinaus sei für die vielen nicht im Verwaltungsbezirk Frankfurt untergebrachten muslimischen Kriegsflüchtlinge aus Bosnien diesbezüglich nicht gesorgt:

> "In Frankfurt haben wir einen Platz auf dem Friedhof für die Muslime. Aber wenn einer nicht in der Stadt Frankfurt registriert ist, dann muß er auf einen anderen Friedhof. Das ist ein Problem für uns. Wenn jemand in Offenbach registriert ist, dann muß er auch dort beerdigt werden. Es

gibt dort jedoch keine Möglichkeit, ihn auf muslimische Weise zu beerdigen."

Ein Vertreter der Ahmadiyya-Gemeinde in Frankfurt/Main äußerte sich zufrieden mit den Möglichkeiten für Angehörige seiner Gemeinde, Verstorbene auf dem islamischen Gräberfeld in Frankfurt-Oberrad beerdigen zu können:

"Bislang gibt es in Deutschland noch keine Schwierigkeiten zwischen den Organisationen. Wir haben hier in Frankfurt einen Friedhof in Oberrad, den Waldfriedhof. Da gibt es ein spezielles Moslemfeld, wo wir unsere Gemeindemitglieder beerdigt haben, dann ist hier aber auch die Möglichkeit in der Nähe der Moschee auf dem Südfriedhof, da sind einige Mitglieder beerdigt, da gibt es überhaupt keine Schwierigkeiten. Also dort sind die Behörden äußerst kooperativ, auch was die Rituale betrifft, die Waschung der Toten oder das Totengebet, da gibt es überhaupt keine Probleme. Im Gegensatz zu Pakistan gibt es hier auch keine Probleme mit der Beerdigung von anderen Muslimen neben Ahmadiyya-Mitgliedern."

Angesichts der seitens der türkisch-islamischen Organisationsmitglieder derzeit bevorzugten Möglichkeit, den Beerdigungsfonds ihrer jeweiligen Organisation zu nutzen, scheint es sinnvoll und notwendig, dieses spezielle Angebot, das noch relativ neu ist, sich jedoch weitgehend durchgesetzt zu haben scheint, genauerem Augenschein zu unterziehen.

Islamische Beerdigungsfonds in Deutschland

Seit einigen Jahren bieten die größten türkisch-islamischen Organisationen einen besonderen Service für die Muslime an, der sich zunehmenden Interesses bei der Klientel erfreut, wie die folgenden Zahlen beweisen.[24]

Der Fonds der DİTİB besteht seit 1992. Derzeit gehören 32 000 Personen dem Fonds an. Täglich seien es 15 bis 30 weitere Personen, die dem Fonds beitreten. Der Verantwortliche verdeutlicht an einem Zahlenbeispiel, daß die Mitglieder des Fonds überwiegend die Möglichkeit nutzen, ihre Angehörigen in die Türkei überführen zu lassen, auch wenn der Fonds auf Wunsch auch die Beerdigungskosten und -formalitäten in Deutschland regelt. 1995 habe es in seiner Organisation 500 Sterbefälle zur Bearbeitung gegeben, von denen nur drei in der Bundesrepublik beerdigt wurden. Selbst die in der Bundesrepublik gestorbenen Säuglinge und Kinder werden in den meisten Fällen derzeit noch in die Türkei überführt. Der Informant gab an, daß seinen Schätzungen zufolge derzeit noch 99 Prozent der Türken in der Türkei beerdigt werden wollten. Gleicher Meinung war auch der Zuständige für den Beerdigungsfonds der AMGT. Dabei sah er seitens seiner Organisation keinen Grund, der gegen eine Beerdigung in Deutschland spreche:

> "Aus religiöser Sicht ist nichts dagegen einzuwenden. Im übrigen erklären unsere Hocas auch ihren Gemeindemitgliedern ganz offen, daß es dagegen keinen Einwand gibt, und unterstützen eine diesbezügliche Haltung auch."

Als derzeit wichtigste Aktivität der DİTİB hinsichtlich der diesbezüglichen Belange ihrer Gemeinde in Deutschland nannte der Informant, daß sie sich für eine Fortsetzung der Ruhedauer islamischer Gräberfelder auf dem Friedhof in Köln einsetze.[25]

Die AMGT hat 1993 begonnen, einen ähnlichen Beerdigungsfonds aufzubauen. Erst seit Februar 1995 habe man jedoch ein festes Organisationsschema entwickelt, mit dem effektiv gearbeitet werden könne. In diesen acht Monaten der Existenz des Fonds haben sich ca. 1500 Mitglieder eingeschrieben. Wöchentlich kommen laut Aussage des Informanten im Durchschnitt 50 Personen hinzu. Derzeit gebe es einen Beauftragten der Organisation, der von Tür zu Tür ginge, um Mitglieder zu werben. Darüber hinaus haben alle Interessenten die Möglichkeit, sich ein Formular zusenden zu lassen und sich damit direkt als Mitglied anzumelden. Der Informant sah den Fonds eher als eine vorübergehende Lösung vor allem für die erste Generation an. Dies gelte, solange es in Deutschland noch nicht möglich sei, ewige Gräber für Muslime anzulegen. Langfristig müsse man sich jedoch für die Einrichtung islamischer Friedhöfe einsetzen.

Im Gegensatz zu dem Informanten der DİTİB sah er bereits bei der zweiten Generation eine Tendenz, ihre verstorbenen Angehörigen in Deutschland zu beerdigen. Dies zeige sich an der zunehmenden Entscheidung, die hier verschiedenen Kinder auch hier zu beerdigen. Darüber hinaus sei es auch aus religiösen Gründen zu befürworten, wenn die Toten da beerdigt würden, wo sie gestorben seien; hierzu gebe es innerhalb der Milli Görüş einen Konsens, der von einer Art *fetva* der Imame getragen werde:

> "Eine Überführung ist eigentlich nicht angemessen. Der Tote muß dort, wo er gestorben ist, beerdigt werden."

Auf meine Anfrage, ob bei der Entscheidung vieler türkischer Muslime für einen Beitritt zum Beerdigungsfonds vielleicht auch finanzielle Gründe eine Rolle spielen könnten - eine Überführung ohne Beitritt zum Sterbefonds kann mehr als 5000 DM, eine Beerdigung durch ein deutsches Beerdigungsinstitut bis zu 15 000 DM kosten - erklärte der Informant, er glaube, daß eher emotionale als finanzielle Gründe ausschlaggebend seien. Es ginge den Beitretenden darum, in der Heimat beerdigt zu werden, wo sie sicher sein könnten, daß alles entsprechend dem islamischen Ritus vonstatten gehe. Er machte ausdrücklich darauf aufmerksam, daß seine Organisation über den Fonds keine finanziellen Gewinne mache, eher sogar Verluste erleide. Es gehöre jedoch zu den Aufgaben der Organisationen, die Hilfe, die sonst auf privater Grundlage unter großen Entbehrungen geleistet werde (Mitglieder sammeln Spenden, um auch den Bedürftigen eine Beerdigung in der Heimat zu ermöglichen), auf einer besseren Grundlage fortzuführen und auf diese Weise einen wichtigen Beitrag zur Seelsorge zu leisten.

Beide Organisationen stellten uns bereitwillig ihre Informationsbroschüren bzw. Beitrittsformulare für den Beerdigungsfonds zur Verfügung. Der Vergleich der beiden Informationsbroschüren zeigt, daß die Broschüre der DİTİB zwar mehr Detailinformationen über das Funktionieren und die rechtlichen Rahmenbedingungen des Fonds gibt, die AMGT jedoch einen übersichtlicheren Aufbau und sprachlich leichter verständlichen Text verwendet. Die allgemeinen Bedingungen und Leistungen beider Fonds sind jedoch identisch. Ein Blick in die Broschüre des DİTİB-Beerdigungsfonds zeigt, wie dieser in der Praxis funktioniert. Im folgenden wird der Text in deutscher Übersetzung (die Originalsprache der Broschüre ist entsprechend der Klientel, die sie erreichen soll, Türkisch) wiedergegeben:

"- Für einen Beitritt ist es notwendig, türkischer Staatsbürger zu sein und seinen ständigen Wohnsitz in der Bundesrepublik zu haben (nicht nutzen können den Fonds Personen, die sich als Touristen, als Asylbewerber und vorübergehend aus beruflichen Gründen in der Bundesrepublik aufhalten).

- Zunächst müssen 100 DM als Spende auf das betreffende Konto überwiesen werden, danach muß der jeweils anfallende Jahresbetrag (ändert sich je nach Mitgliederzahl) rechtzeitig überwiesen werden.

- Die Mitgliedschaft im Fonds beginnt 30 Tage nach Überweisung der Spende auf das Konto der DİTİB in Köln. Sollte in diesen 30 Tagen ein Sterbefall vorliegen, so kann dieser noch nicht über den Fonds behandelt werden, die 100 DM können auch nicht zurückgezahlt werden.

- Über den Fonds können folgende Verwandte mitberücksichtigt werden: der/die standesamtlich geehelichte Partner/in und die Kinder des Mitgliedes, die unter 18 Jahre alt sind.

Im Falle des Todes eines Mitgliedes müssen die Angehörigen:

- telefonisch Kontakt mit der DİTİB-Zentrale aufnehmen,

- die notwendigen Papiere (Fotokopie der Mitgliedsurkunde, Paß, Personalausweis, Eheurkunde mit deutschen Übersetzungen) dem Beerdigungsinstitut übergeben.

Für die Regelung der Angelegenheiten im Falle, daß der Verstorbene in Deutschland beerdigt werden soll, sind die Angehörigen selbst verantwortlich.

- Wenn der Tote zu Hause gestorben ist, muß ein Arzt gerufen werden, der einen Leichenschau-Bericht anfertigen muß. Die Bezahlung des Arztes ist nicht durch den Fonds-Beitrag gedeckt.

- Alle Verpflichtungen, die im Zusammenhang mit dem Grab des Verstorbenen stehen, der in der Bundesrepublik beigesetzt wurde, obliegen den Angehörigen.

Was leistet der Fonds im Todesfall?

a) Er kümmert sich um die Formalitäten, die in Deutschland und in der Türkei notwendig sind.
b) Wenn es erwünscht ist, dann wird der Tote dort gewaschen, wo es die Angehörigen möchten (auch zu Hause), in das Leichentuch gehüllt und für das Totengebet in die nächstgelegene DİTİB-Moschee gebracht.
c) Die Toten werden in Särge nach internationalem Standard gebettet.
d) Nachdem alle Handlungen durchgeführt wurden, wird der Verstorbene auf dem kürzesten und schnellsten Wege zu dem Flughafen in der Türkei transportiert, der dem Ort der Beerdigung am nächsten ist (Ankara, Istanbul, Izmir).
e) Die Leichenwagen der Türk Diyanet Vakfı (Stiftung des Türkischen Amtes für Religiöse Angelegenheiten) bringen den Verstorbenen vom Flughafen zum Friedhof.
f) Das Ticket für den Begleiter des Verstorbenen ersten bzw. zweiten Verwandtschaftsgrades ist in den Leistungen des Fonds enthalten (THY-Charter).
g) Was geschieht, wenn der Tote in Deutschland beerdigt werden soll: Insgesamt werden die gleichen Leistungen bis inclusive Punkt c erbracht, der Fonds begleicht dann die Kosten für den Transport, jedoch nicht für die Grabmiete und die Beerdigung.
h) Der jährliche Mitgliedsbeitrag wird dadurch errechnet, daß die Fonds-Ausgaben des vergangenen Jahres gleichmäßig auf die Mitglieder verteilt werden. Die Mitglieder erhalten jährlich eine Rechnung, die sie im Zeitraum zwischen Januar und Februar begleichen müssen, um weiterhin am Fonds beteiligt zu sein. Wer seine Rechnung nicht bezahlt, wird aus dem Fonds entlassen und kann keine Rechnung geltend machen.
i) Informationspflicht:
Änderungen der Adresse von Mitgliedern bzw. minderjährigen Kindern von Mitgliedern müssen binnen 15 Tagen der DİTİB-Zentrale schriftlich mitgeteilt werden.
j) Situation derjenigen, die außerhalb Deutschlands sterben:
Wenn eine Person bei der Reise in oder aus der Türkei stirbt, dann übernimmt der Fonds die Kosten für den Transport der Leiche nach dem ortsüblichen Preis des Transportes nach Aushändigung der Originalpapiere.
k) Sterbeversicherung:

Die Mitgliedschaft im DİTİB-Beerdigungsfonds berührt nicht die von deutschen Stellen angebotene Sterbeversicherung. Die hierdurch erworbenen Rechte kommen vollständig dem Mitglied selbst zugute.

l) Austritt aus dem Fonds:
Mitglieder, die sich einen Anspruch auf Nutzung der Fonds-Leistungen erworben haben, können - wenn ihr Aufenthalt in Deutschland andauert - nach Inspruchnahme des Fonds für ihre Angehörigen aus diesem für die Dauer von 10 Jahren nicht austreten. Falls sie (dennoch) austreten sollten, müssen die geleisteten Begräbniskosten von den Erben zurückgezahlt werden. Für die Parteien sind die Gerichte in Köln zuständig.

m) Falsche Informationen und diesbezügliche Verantwortlichkeit:
- Für Verzögerungen, die durch unsachgemäße Anträge sowie fehlerhafte Geldüberweisungen entstehen, übernimmt unser Fonds keine Verantwortung.
- Gegen Personen, die auf betrügerische Weise durch falsche Informationen im Widerspruch zu den Aufnahmebedingungen diesen Fond zu nutzen versuchen, gegen solche Personen, die daran beteiligt sind und gegen diejenigen, die unrechtmäßige Wege einschlagen, wird Anzeige erstattet. Außerdem werden die zu Unrecht erfolgten Zahlungen zurückgefordert."

Zusammenfassend kann gesagt werden, daß während der sechziger und siebziger Jahre das Problem "Friedhof" für Muslime in der BRD nur sporadisch aufkam und durch Einzelinitiativen von islamischen Vereinigungen bzw. konsularischen Vertretungen durch die Anforderung islamischer Gräberfelder auf allgemeinen Friedhöfen vorübergehend gelöst wurde. Allerdings darf angenommen werden, daß die Angehörigen ihre Toten oftmals in Unkenntnis der zeitlichen Begrenztheit der Gräber hier beerdigen ließen bzw. die zeitliche Begrenztheit aus ihrem Bewußtsein verdrängten. Irreführend mag hier der Begriff des "Ankaufes einer Grabstelle", der im Amtsdeutsch verwendet wird, gewesen sein. Mit steigender Verbleibdauer der Migranten steigt allmählich auch der Bedarf an einer Lösung des Friedhofsproblems. Es ist jedoch zu beobachten, daß mit Ausnahme der in der Bundesrepublik verstorbenen Kinder die hier verstorbenen Türken eher in die Heimat überführt werden. Seit der Einführung von Beerdigungsfonds seitens der verschiedenen islamischen Organisationen ist diese Überführung auch organisatorisch stark erleichtert worden und bietet darüber hinaus finanziell einen Anreiz, da sie günstiger ist als eine über ein Privatunternehmen vermittelte Überführung oder eine einfache Beerdigung auf einem deutschen Friedhof. Auf jeden Fall garantiert die Überführung den Muslimen die Berücksichtigung der für sie selbstverständlichen Anforderungen an eine Beerdigung und Grabstätte:
- die Ewigkeit der Gräber,
- die exakte Einhaltung des Beerdigungsritus (Ausrichtung nach Mekka, Beerdigung im Leichentuch etc.),

- die ewige Ruhe in "islamischer Erde" (auch wenn die Türkei ein laizistischer Staat ist, wird ihr Territorium, das zu 99 Prozent von Muslimen bewohnt ist, von den meisten Gläubigen als "islamische Erde" betrachtet),
- die Gebete (*ruhuna elfatiha* = Rezitation der Eingangssure des Koran als Fürsprache für die Seelen der Verstorbenen) vorbeigehender Muslime.

Die zukünftige Entscheidung, die Verstorbenen hier in der Bundesrepublik beerdigen zu lassen, dürfte vor diesem Hintergrund vor allem davon abhängen, inwieweit diese für die muslimischen Migranten wichtigen Gesichtspunkte hier verwirklicht werden können. Solange der Islam nicht als Konfession anerkannt ist, erscheint die Einrichtung von rein islamischen Friedhöfen illusorisch. Wahrscheinlicher ist der Kauf "privater Grabstätten" durch einzelne islamische Organisationen. Diese setzten in der Regel jedoch den Akzent ihrer Arbeit zunächst auf den Ausbau der Moscheeninfrastruktur sowie die Erziehung der hier geborenen Generationen im Sinne des Islam. Nennenswerte ideologische Unterschiede bei der Behandlung der Beerdigungsfrage durch einzelne Mitglieder und Vertreter türkisch-islamischer Organisationen konnten nicht ausgemacht werden. Die Meinungen reichen von "Eine Beerdigung in Deutschland ist islamgemäßer als die Überführung in die Türkei" bis "Der Beerdigungsfonds ist eine gute Lösung für unsere diesbezüglichen Probleme in Deutschland". Dabei gibt auch innerhalb jeder Organisation unterschiedliche Ansichten der einzelnen Mitglieder und Vertreter.

Als seitens der türkischen Muslime offensichtlich akzeptierte Alternative zur Errichtung eigener Begräbnisstätten haben die meisten türkisch-islamischen Organisationen die Beerdigungsfonds eingerichtet. Diese scheinen mittelfristig das Problem für alle Teile - die deutsche Mehrheitsgesellschaft und die türkisch-muslimische Minderheitsgesellschaft - zu lösen, so daß diesbezüglich bisher noch keine nennenswerten Aktivitäten der Selbstorganisationen zu verzeichnen sind. Die Präferenz für eine letzte Ruhestätte in der Türkei ist auch der Ausdruck der nach wie vor bestehenden Türkei-Orientierung der ersten Generation. Mit dem Eintritt der zweiten Generation in das Renten- und Seniorenalter läßt sich jedoch eine befriedigende Lösung für die Muslime in Deutschland, die mit dieser Generation ein fester Bestandteil der deutschen Gesellschaft geworden sind, nicht mehr länger aufschieben. Daß die Verbleibabsichten der Türken in Deutschland insbesondere bei der zweiten Generation zunehmen, ist u.a. auch daran zu erkennen, daß diese ihre verstorbenen Kinder in wachsendem Maße in der Bundesrepublik beerdigen lassen. Die Frage der Beerdigung ist ein wichtiger Aspekt der Integrations- bzw. Distanzierungspolitik der türkisch-islamischen Organisationen in der Bundesrepublik. Das Fehlen akzeptabler Alternativen zu den jetzigen Möglichkeiten kann nicht als integrationsfördernd bezeichnet werden. Die breite Akzeptanz der Überführungsfonds ist ein Ausdruck davon.

Anmerkungen

1. Faruk Şen/Andreas Goldberg, Türken in Deutschland, Leben zwischen zwei Kulturen, München 1994, S. 67.
2. Isoplan schätzt, daß mehr als 90 Prozent der türkischen muslimischen Verstorbenen zur Beerdigung in die Türkei überführt werden. Vgl. Ausländer in Deutschland, Saarbrücken (1995) 4, S. 6. Diese Einschätzung deckt sich mit den Erfahrungen von Frau Karakaşlı, Mitarbeiterin eines türkischen Beerdigungsinstituts in Düsseldorf. Sie erklärte in einem Gespräch, das wir am 15.11.1995 mit ihr geführt haben, daß ca. 0,2 Prozent der Toten derzeit nicht sofort überführt werden. Die hier beerdigten Verstorbenen seien überwiegend Totgeburten bzw. Säuglinge.
3. Diese Informationen erhielt ich im Rahmen der Vorbereitungen zu diesem Vortrag freundlicherweise von zuständigen Vertretern folgender Institutionen: Garten- und Friedhofsämter der Städte Essen und Düsseldorf, Ministerium für Arbeit, Gesundheit und Soziales, Innenministerium und Kultusministerium des Landes Nordrhein-Westfalen, Amt für multikulturelle Angelegenheiten der Stadt Frankfurt. Darüber hinaus flossen auch Ergebnisse aus Gesprächen mit Angestellten zweier türkischer Beerdigungsunternehmen in NRW ein. Außerdem danke ich Gül Dalbay, zu der Zeit Praktikantin am Zentrum für Türkeistudien, für ihre engagierte Hilfe bei der Recherche für diesen Beitrag.
4. Bezüglich detaillierterer Informationen zur Beerdigung von Muslimen in Deutschland verweise ich auf den Beitrag von Gesa Kokkelink in diesem Band.
5. Die Studie, deren wissenschaftliche Bearbeitung mir oblag, wurde vom Hessischen Ministerium für Umwelt, Energie, Jugend, Familie und Gesundheit - Büro für Einwanderer, Flüchtlinge und ausländische Arbeitnehmer zusammen mit dem Zentrum für Türkeistudien unter folgendem Titel publiziert: Studie über islamische Organisationen der türkischen, marokkanischen, tunesischen und bosnischen Minderheiten in Hessen, Wiesbaden, Mai 1995.
6. Je nach regionaler Herkunft sind geringfügige Abweichungen von diesem Ritus möglich. Die hier zusammengefaßten Angaben richten sich hauptsächlich nach dem Lexikonartikel "Tod und Begräbnis" in: Karl Kreiser/Rotraut Wieland (Hg.), Lexikon der islamischen Welt, völlig überarbeitete Neuausgabe, Stuttgart u.a. 1992, S. 268-269. Die Erklärungen zu Details bei der Vorbereitungs- und Beerdigungszeremonie wurden einem Tiefeninterview mit einem anerkannten Imam aus Safranbolu/Provinz Karabük, das ich im Sommer 1995 mit ihm geführt habe, entnommen. Sie erheben nicht den Anspruch, wissenschaftlich überprüft zu sein, sondern sollen einen tiefergehenden Einblick in die Vorstellungen der Gläubigen, die sich hinter den einzelnen Handlungen verbergen, vermitteln. Die im folgenden erwähnten Begriffe arabischer Herkunft werden, da ich mich hier auf den türkischen Kulturkreis konzentriere, in ihrer modernen türkischen Schreibweise verwendet.
7. Vgl. hierzu z.B. Sabri Çakır, Burdur'un Kozluca Kasabasında 'Yas' Geleneği (Die Tradition des Trauergesangs in Kozluca in der Provinz Burdur). In: IV. Milletlerarası Türk Halk Kültürü Kongresi Bildirileri, IV Cilt Gelenek, Görenek ve İnançlar (Tagungsbeiträge auf dem IV. Internationalen Kongreß der Türkischen Volkskultur), Ankara 1992, S. 59-72, sowie den Beitrag von Gerdien Jonker in diesem Band.
8. Telefonische Auskunft von Herrn Leuchtenberg, Ministerium für Arbeit, Gesundheit und Soziales des Landes NRW.

9   Stefan Muckel, Muslimische Gemeinschaften als Körperschaften des öffentlichen Rechts. Vortrag am 27.10.1994 vor der Rechtswissenschaftlichen Fakultät der Universität zu Köln. Dr. Stefan Muckel ist wissenschaftlicher Assistent am Institut für Kichenrecht und rheinische Kirchenrechtsgeschichte der Universität zu Köln.
10 Zu den Anforderungen an ein islamisches Gräberfeld vgl. Gutachten zum islamischen Bestattungsritual auf kommunalen Friedhöfen, erstellt von M. Salim Abdullah, Zentralinstitut Islam-Archiv-Deutschland, im Auftrag der Stadt Bremen, Senator für Kultur und Ausländerintegration, Soest, 22.5.1995.
11 Die Informationen entstammen einem Telefongespräch mit Herrn Tomicki, Angestellter des Garten- und Friedhofsamtes Essen, am 15.11.1995.
12 Essen, Stadtteil-Zeitung (November 1993) 273.
13 Die Notwendigkeit dieser Maßnahme wird mit der Einhaltung des Seuchengesetzes begründet, auf die das Ordnungsamt achtet.
14 Seit anderthalb Jahren bietet ein türkisches Beerdigungsinstitut in Düsseldorf an, Tote in Zinksärgen zu beerdigen, damit sie später leichter überführt werden können. Es habe bisher sechs Fälle von Bosniern gegeben, die im Zinksarg beerdigt wurden, jedoch keine Exhumierungen. Bisher wurde nur im Fall eines Irakers und eines Marokkaners eine Exhumierung und Überführung in die Heimat durchgeführt. Es seien derzeit sowieso insbesondere die Bosnier, die sich zwangsläufig hier beerdigen lassen müßten, da eine Überführung in die Heimat zur Zeit des Bürgerkrieges nicht möglich gewesen sei. In den letzten Jahren wurde nur dreimal eine spätere Überführung durchgeführt.
15 Informationen von Frau Dr. Eva Blum, Amt für Multikulturelle Angelegenheiten der Stadt Frankfurt/Main.
16 Nach einem Gutachten der in islamischen Ländern als Autorität anerkannten Akademie für Islamisches Recht in Mekka vom März 1985 sind Beerdigungen von Muslimen in Särgen erlaubt, allerdings mit der Vorgabe, daß die Särge aus einfachem, leicht vergänglichem Holz bestehen.
17 Vgl. Köln'de mezarlık krizi (Friedhofskrise in Köln). In: Türkiye, 11.4.1995.
18 Am 16.11.1995 erschien eine Meldung in der auch in Deutschland erscheinenden türkischen Tageszeitung Hürriyet, die besagte, daß in München ein ähnliches Problem mit Reihengräbern aufgetreten sei. Dort sollen nun 86 muslimische Gräber eingeebnet werden, da die Miete für diese Gräber nicht bezahlt wurde. Insgesamt wurden über 30 000 DM nicht gezahlt. Obwohl sich die Friedhofsverwaltung seit über neun Monaten an die Islamische Glaubensgemeinschaft (Yeni Cami) in München gewandt habe, habe man bisher noch keine Lösung gefunden. Eine türkische Vereinigung (TÜDEK/Güney Bavyera Türk Dernekleri Koordinasyon Kurulu) sollte schließlich die ausstehenden Mietkosten tragen, dies sei jedoch noch nicht geschehen. Bisher seien die Mieten von verschiedenen Mitgliedervereinen getragen worden, durch einen Wechsel in der Vereinsführung seien diese jedoch nicht mehr in der Lage, die Mieten zu zahlen. Bei dieser Gelegenheit wurde bemerkt, daß für die Einrichtung eines eigenen islamischen Friedhofes das Bayerische Innenministerium zunächst seine Zustimmung geben müsse, was unter der derzeitigen Umständen nicht möglich sei.
19 Zur Neubelegung der Gräber ist zu sagen, daß es noch bis 1967 auch in Deutschland möglich war, Gräber auf ewig anzulegen. Wegen des zunehmenden Platzmangels wurde diese Regelung jedoch abgeschafft.
20 Ölülerimiz sahipsiz kaldı (Unsere Verstorbenen ohne Besitzer; gemeint ist damit "Keiner kümmert sich um unsere Verstorbenen"). In: Hürriyet, 16.11.1995.

21 Diese Informationen beruhen auf einem telefonisch geführten Interview mit Frau Yasemin Karakaşlı, Mitarbeiterin eines Beerdigungsinstituts in Düsseldorf, vom 15.11.1995.
22 Dieser Abschnitt folgt weitgehend: Yasemin Karakaşoğlu, Die Frage der möglichen Ausbreitung eines islamischen Fundamentalismus unter den Muslimen in der Bundesrepublik, dargestellt am Beispiel der türkischen Wohnbevölkerung in Deutschland. In: Interdisziplinäre Forschungsgruppe für multi-ethnische Konflikte an der Universität Bielefeld (Hg.), Religiöser Fundamentalismus in türkischen Gruppierungen. Protokoll eines Workshops im Zentrum für interdisziplinäre Forschung der Universität Bielefeld am 11.-12.10.1994, Bielefeld 1995. S. 33-52.
23 Die Mitgliederzahlen aller genannten Verbände mit Ausnahme des İCCB beruhen auf für uns nicht überprüfbaren Eigenangaben der Vereine.
24 Die folgenden Informationen beruhen auf Telefoninterviews vom 14.11.1995 mit Verantwortlichen für den Beerdigungsfonds bei den beiden größten türkisch-islamischen Selbstorganisationen AMGT und DİTİB.
25 Auf die Kölner Problematik wurde bereits oben eingegangen.

Wandlungen des Sterbens und der Trauerrituale in der Migration

Dursun Tan

Im folgenden sollen am Beispiel türkisch-islamischer Migranten einige zentrale Aspekte der Wandlungen von Todesbildern und Trauerritualen durch die Migrationssituation herausgegriffen und in ihrer generellen Tendenz erläutert werden. Hierfür erscheint es notwendig, diese Todesbilder und Trauerrituale in ihrer ursprünglichen Form kurz zu schildern. Beides kann an dieser Stelle jedoch nur kursorisch, deskriptiv und typologisch geschehen und bleibt notwendigerweise unvollständig. Auch ist Ursprung hier räumlich zu verstehen, denn ein homogenes, gesamttürkisches Phänomen bezogen auf Todesbilder und Trauerrituale gibt es außer dem räumlichen und religiösen Aspekt nicht. Auch müssen nähere Erklärungszusammenhänge und langfristige Entwicklungen, da sie zu kompex sind, hier ungenannt bleiben.

Es sollte explizit darauf aufmerksam gemacht werden, daß sich die aufgezeigten Wandlungen nicht allein und ausschließlich aufgrund der Migration ergeben, sondern auch durch den plötzlichen Modernisierungsschub, den viele türkische Migranten aufgrund der Peripherie-Zentrum-Migration erfahren haben und der diese Menschengruppen in den Geltungsbereich des modernen Wohlfahrtsstaates versetzt. Viele der Wandlungen, die hier beschrieben werden, vollziehen sich auch in den Herkunftsländern. Allein die spezifischen Bedingungen der Migration und die des Einwanderungslandes geben den Wandlungen eine besondere Färbung, weshalb sie hier einer näheren Reflexion für würdig gehalten werden.

Bilder vom Sterben und vom Tod in der ländlichen Türkei[1]

Bezüglich der Bilder von Sterben und Tod in der ländlichen Türkei kann festgestellt werden, daß historisch weit zurückliegende Kulturtraditionen die Gegenwart mitstrukturieren, die im hohen Maße eingebettet sind in Handlungslegitimationen der islamischen Religion und die pragmatischen Alltagstheorien. Auch kann konstatiert werden, daß der erreichte Grad von Natur- und Sozialkontrolle in der Türkei, verglichen mit dem erreichten Grad in den modernen Wohlfahrtsgesellschaften, noch relativ gering ist. Das wirkt sich teils vermittelt, teils unvermittelt auf die Wahrnehmung, das Bewußtsein und die Glaubensdoktrinen der Menschen aus.

Vor diesem Hintergrund dürfte es nicht überraschen, wenn sich ein naturwissenschaftliches Verständnis von Tod nicht herausbilden konnte bzw. allenfalls in Ansätzen vorhanden ist. Eines ist den Menschen klar: Der Mensch wird geboren, und er wird eines Tages sterben. Unklar ist, wann und woran er sterben wird. Dies zu wissen, ist nach Überzeugung der Anatolier[2] den Menschen grundsätzlich nicht möglich, wenn auch besonders "herzensreinen", ethisch unbefleckten Menschen die Gabe einer "Vorahnung" mitgegeben sein kann. Normalerweise kommt der Tod jedoch "überraschend". Daraus leiten die Anatolier den Imperativ ab, so zu leben, daß man jederzeit sterben, dem Tod ins Gesicht sehen kann und darauf bedacht sein muß, daß ein anderer sterben könnte. Das bedeutet, man muß so leben, daß man nicht Gefahr läuft, etwas ungeregelt zu hinterlassen, etwa indem man mit den Angehörigen oder Freunden in einem ungelösten Streit liegt, oder eine "Schuld" noch nicht beglichen hat, deren Regelung durch den Tod verhindert würde.

Um diesen asymmetrischen Zustand aufzulösen oder ihn erst gar nicht aufkommen zu lassen, hat sich eine Zeremonie des "*helal*-Gewährens" herausgebildet. "*Helal*-gewähren" heißt soviel wie das rechtmäßige Erlassen eventuell bestehender wechselseitiger Ansprüche.

> "Das *helal*-Gewähren ist das Ritual des Erlassens von Schulden, das den Kern der Bestattungszeremonie bildet... Dem Ritual des *helal*-Gewährens liegt der Gedanke des Ausgleichs als Grundlage der Rechtsbeziehungen zugrunde: Im Augenblick des Todes erscheint es notwendig, alle noch offenen Schulden zu erlassen."[3]

Mit Schulden sind jedoch nicht ausschließlich Schulden im kalkulatorisch-materiellen Sinne gemeint, denn diese werden von den Hinterbliebenen, soweit ihre finanziellen Möglichkeiten es zulassen, ohnehin ausgeglichen. Gemeint sind vielmehr Schulden im Sinne der "Schuldigkeit" jemandem gegenüber, d.h. der Asymmetrie der Reziprozität von Nehmen und Geben. Das "*helal*-Gewähren" stellt eine Art nachträgliche Absolution dar. Die Trauergemeinde erteilt als Kollektiv dem Verstorbenen die Absolution und spricht ihn von seinen Schulden frei. Genauso wie der Gedanke für einen gläubigen Katholiken beängstigend wäre, daß er sterben könnte, ohne daß ihm die Absolution erteilt wurde, beängstigt einen gläubigen Anatolier der Gedanke, daß er sterben könnte, ohne daß ihm "*helal* gewährt" wird. Da niemand wissen kann, wann und wo er stirbt, wird auch - den Tod antizipierend - vor längeren Reisen, vor schwierigen Operationen und generell vor ungewissen Situationen gegenseitig "*helal*" gewährt.

Ein weiteres Strukturmerkmal ist die Determiniertheit des Todeszeitpunkts als individuelles Schicksal, welches von Geburt an vorbestimmt ist. Für den einzelnen Menschen ist sein Todeszeitpunkt zwar ungewiß, aber "er steht ihm auf die Stirn geschrieben". Das "geschriebene" Schicksal kann der einzelne Mensch nicht dechiffrieren, schon gar nicht beeinflussen. Er muß sich ihm fügen. Allerdings ist dieser Schicksalsdeterminismus nicht so unverrückbar, wie das im ersten Moment erscheinen mag. Die im Lebensalltag gewonnenen Erfahrungen der Menschen relativieren den Glauben an eine absolute Schicksalsdeterminiertheit. Der Glaube daran wird erst wieder aktiviert, wenn etwas tatsächlich als bedrohlich, unvermeidbar und durch menschliche Anstrengung nicht mehr veränderbar erscheint. Dies ist der Fall, wenn z.B. jemand gestorben ist und die Hinterbliebenen getröstet werden müssen oder wenn jemand unheilbar erkrankt ist. Im Alltag gilt dagegen die Devise, daß der Mensch sein Schicksal, bis auf die Tatsache, daß er eines Tages sterben muß, in nicht unerheblichem Maße selbst beeinflussen kann. Dem kommt auch die Auffassung entgegen, daß es auch "außerschicksalshafte" Todesmöglichkeiten gibt, die durch einen Unfall (*kaza*) oder durch Fremdeinfluß (Mord) verursacht sein können, wenn die letzteren selbst auch wiederum Schicksal sein können. Da das jedoch bis zu einem gewissen Grad immer unklar bleibt, besteht der pragmatische Glaube an die Möglichkeit der prinzipiellen Beeinflußbarkeit des Schicksals fort. Jeder Tod kann somit der Tod sein, der dem Menschen "auf die Stirn geschrieben stand", oder ein Tod, der nicht der "geschriebenen" Fügung entspricht, weil durch verschiedene Umstände das Schicksal unausgefüllt blieb.

Lebenszyklus, Lebenssituation und Sterbezeit

Trotz der relativ geringen Natur- und Sozialkontrolle, die eine Konfrontation mit dem Tod durch Naturgewalt (Erdbeben, Überflutung, Steinschlag, Bergrutsch, Lawinen, Schlangenbisse, Blitzschlag, Kältetod etc.) und Sozialgewalt (Blutfehde, Brautentführung, Stammesfehde, politische Gewalt, wirtschaftliche Gewalt etc.) im Kindes- und Erwachsenenalter durchaus wahrscheinlich machen, herrscht ein Alltagsbild von Sterben und Tod vor, das wesentlich am Alterstod orientiert ist. Dies erscheint zunächst verwunderlich und diametral entgegengesetzt zu der vorherrschenden Vorstellung, "daß man nicht wissen kann, wann und woher der Tod kommt". Der Widerspruch löst sich sofort auf, wenn dem Todesbild ein anderes Bild, das "Lebensbild", gegenübergestellt wird. Dieses ist idealitär orientiert an einem ausgefüllten Leben, in dem die Geburt, die Beschneidung (für die männlichen Gesellschaftsmitglieder), die Heirat, die Kinderaufzucht und die postproduktive bzw. postreproduktive Phase (das Alter) ein aufeinanderfolgendes Ganzes bilden. Tritt der Tod in einer der frühen Phasen ein (oder in der frühpostproduktiven Phase), wird das gelebte Leben gesellschaftlich als unvollendet angesehen.

Vor diesem Hintergrund erscheint der Tod dem an Altersgebrechen Sterbenden im Sterbebett nicht als beängstigend. Er wird personifiziert und nimmt der Überlieferung nach häufig die Gestalt eines dem Sterbenden vertrauten Wesens an. Der Tod bekommt in der Phantasie eine anthropomorphe Gestalt und wird für den Sterbenden sichtbar: Die Tür geht auf, der Tod tritt ein und begrüßt den Sterbenden, der Sterbende sieht den Tod langsamen Schrittes auf sich zukommen und erwidert den Gruß; die übrigen Anwesenden bemerken nur, daß etwas Ungewöhnliches passiert, daß z.B. die Tür von allein zuschlägt, der Spiegel von der Wand fällt oder die Uhr stehenbleibt. Die Anwesenden bemerken das In-den-Raumtreten des Todes nur über den Anblick des Sterbenden, wenn er z.B. den Gruß des Todes erwidert. Interessanterweise handelt es sich bei den Überlieferungen des personifizierten Todes nahezu ausschließlich um Vaterfiguren, wenn der Tod in Gestalt eines Menschen auftritt. Vielfach handelt es sich um einen verehrten und angebeteten heiligen Vorfahren der Familie, den die Hinterbliebenen als gütig und beschützend in Erinnerung haben. Tritt der Tod dagegen in Tiergestalt auf, was ebenfalls häufig vorkommt, handelt es sich überwiegend um Tiergestalten aus der Fabelwelt: Spatz, Nachtigall, Elster, Krähe, nur selten sind es beängstigende Raubtiere.

Auch für das Todesbild dieser Gesellschaft gilt der Tod wegen seines universalen Charakters als der "Gleichmacher". Allerdings nur in dem Sinne, daß jeder sterben muß, ganz gleich welchen Rang, welche Position und welchen Status jemand hat. Bezogen auf das Sterben, die Bedeutung des Verstorbenen für die Hinterbliebenen und seine Position in der Post-Sterbephase wird der Tod jedoch keineswegs als "Gleichmacher" betrachtet. Nicht jeder stirbt gleich, nicht jedem ist ein einigermaßen annehmbarer Tod beschieden. In der Art und Weise des Sterbens (qualvoll, leicht, schnell etc.) offenbart sich nach der Vorstellung der Anatolier der Charakter des sterbenden Menschen. "Gute" Menschen sterben, wenn ihre Zeit gekommen ist, in Anwesenheit ihrer Geliebten, schnell und ohne große Qualen, "schlechte" Menschen dagegen auf ungewöhnliche oder tragische Weise unter großen Qualen und einsam, es sei denn diese wird als "Un-Fall" gedeutet. Die Art des Sterbens deutet somit bereits auf den zukünftigen Platz des Verstorbenen im Jenseits hin, darauf, ob er in die "Hölle" oder in den "Himmel" kommt.

Auch für diesen Aspekt gilt jedoch der flexible und pragmatische Umgang mit den allgemeinen Glaubensvorstellungen. Grundsätzlich geht man zwar davon aus, daß das oben Geschilderte im allgemeinen stimmen mag, aber im Einzelfall kann sich der Tod in seiner Art, einen Menschen mitzunehmen, irren. Wenn z.B. der Verstorbene sehr geschätzt wurde, er aber dennoch nicht einen Tod starb, der seinem Charakter zugeschrieben wird, dann wird, vom allgemeinen Bild abweichend, sein Tod als "ungerecht", als ein Tod, den er nicht verdient hat, aufgefaßt. Auch bezüglich des Jenseits existieren keine klaren oder eindeutigen Glaubenssätze, wie es erwartet werden könnte. Das gleiche gilt für die Todesart als Indikator für den Platz im Jenseits.

Die Frage nach der Existenz eines Jenseits wird im allgemeinen immer wieder gestellt. Die Anhänger des Jenseitsglaubens versuchen dann durch "standardisierte" Argumente den Beweis zu erbringen, daß das Jenseits doch existiert. Das kann so weit gehen, daß sie ins Mystische verfallen, bis hin zu

Legenden, in denen Verstorbene wieder zurückgekehrt seien, um den Lebenden ihre Erkentnisse vom Jenseits zu übermitteln und sie zur Gottesfurcht zu ermahnen.

Auffallend an den Argumenten der Jenseitsgläubigen ist deren überwiegend furchterregender Charakter. Auffallend ist auch, daß selten von Menschen berichtet wird, die aus dem Paradies zurückgekommen sein sollen, um ihre positiven Erlebnisse mitzuteilen. Dagegen sind Geschichten über Menschen, die aus der Hölle bzw. aus der Übergangsstufe (dem *ahiret*-Gericht) zurückgekehrt seien, um Menschen zur "Ordnung" anzuhalten, in Hülle und Fülle vorhanden.

Auch gibt es konkurrierende Vorstellungen über die postmortale Phase. Vielfach besteht noch die Vorstellung, daß Menschen als Tiere oder als andere Menschen wiedergeboren werden oder ihre Seele (*ruh*) in Gestalt eines Tieres weiterleben wird,[4] wobei die "guten" Menschen wieder als "gute" Menschen oder als "reine" Tiere (Vögel, Rotwild u. ä.) bzw. "gesellige" Tiere (Schafe, Pferde u. ä.) wiedergeboren werden, während die "schlechten" Menschen zur Strafe als leidende, stigmatisierte oder charakterfalsche Menschen, als unreine Tiere (Schwein, Hund u. ä.), als bestrafte (Kriechtiere und Insekten u. ä.) oder als leidende (tragende oder geschlagene Nutztiere wie Esel, Rind, Kamel u.ä.) wiedergeboren werden.[5]

Auch hinsichtlich der Bedeutung, die der Tod eines Gesellschaftsmitglieds für die Hinterbliebenen hat, und der Achtung, die diese dem Verstorbenen zollen, ist der Tod nicht der große "Gleichmacher". Der Tod eines Menschen, der bei der Konstitution der Überlebens- und Identifikationseinheit eine zentrale Position innehatte, trifft die Gruppe viel elementarer und läßt sie die Lücke, die durch den Verlust entsteht, deutlicher spüren, als das für "Randpersonen" der Fall wäre. Ihr Tod bleibt meist nahezu unbeachtet und ist ohne jede rituelle Folgen.

Völlig anders dagegen verhält es sich beim Tod von Vollmitgliedern, die für die Gruppe überlebenswichtig sind, und deren Tod die Macht der Gruppe - und damit ihre Überlebensfähigkeit - in Frage stellt, weshalb sich die Gruppe ihrer Solidarität und Zusammengehörigkeit durch langandauernde Rituale und Zeremonien versichern und/oder diese Solidarität neu konstituieren muß. Hieran sehen wir am deutlichsten, daß der Tod nicht - wie allenthalben behauptet wird - der große "Gleichmacher" ist, sondern durchaus die Position des Verstorbenen in der Gesellschaft, in der er gelebt hat, widerspiegelt. Nicht nur, daß um "bedeutende" Menschen anders getrauert wird und bei ihnen andere Zeremonien als bei "unbedeutenden" Menschen gelten, sondern man kann durchaus auch sehen, daß sich die soziale Position an den Gräbern auf den Friedhöfen widerspiegelt.[6]

Der Tod ist durch seine ständige Präsenz nicht in dem Maße aus dem Leben und Gedächtnis verdrängbar, wie es für industrialisierte Wohlfahrtsgesellschaften gilt. Trotzdem wird er aus dem Alltag und dem Bewußtsein zu verdrängen versucht.

Dort, wo die Verdrängung nicht gelingen kann, haben sich andere Bewältigungsstrategien herausgebildet wie der Schicksalsglaube, das Aufsagen von Beschwörungsformeln, das Besuchen von Schutzheiligen, das Aufsagen von Ermahnungen und Verteilen von Opfergaben. Allerdings ist der Tod häufiger Gegenstand von alltäglichen Gesprächsthemen, als dieses in modernen Gesellschaften der Fall ist. Das gleiche gilt für den Tod als Thema in Musik und Gesang, in Literatur, Kino und Theater.

Auf das Individuum bezogen dürfte für die Menschen dieser Gesellschaft im ganzen dennoch das gleiche gelten wie für den modernen und postmodernen Menschen: Der eigene Tod ist unvorstellbar, aber die Angst vor ihm unvorstellbar groß.

Friedhof und Bestattung

Die Friedhöfe in Anatolien liegen in der Regel weit außerhalb der Dörfer bzw. der Städte.[7] "Nach islamischer Tradition sollte der Friedhof außerhalb der Städte und Ortschaften liegen und keine Statuen und Ornamente aus Schmiedeeisen haben."[8] Für die Friedhöfe der Dörfer gilt, daß sie, wenn die Gräber einmal angelegt und später mit einer Betonplatte geschlossen bzw. umschlossen worden sind, nicht bewacht und gepflegt werden. Heilige und besonders hochgeschätzte Personen haben ihr Grab meist auf einem Hügel, d.h. diese Gräber heben sich allein schon durch die Platzwahl ab. Solche Gräber werden häufig zusätzlich von einer Steinmauer umzäunt oder weisen sich durch die Form und Gestalt ihrer Grabsteine als zu einer hochrangigen Person zugehörig aus. "Normale" Gräber sind weniger aufwendig gestaltet, haben häufig noch das Aussehen wie zum Zeitpunkt der Bestattung, sind z.B. nur mit kleineren Felsbrocken eingefaßt worden. Im Laufe der Zeit werden sie durch Regen, Frost und Wind immer weiter eingeebnet. Wenn auf diese einfachen Gräber Grabsteine gesetzt sind, dann sind das meistens zwei Felsbrocken, von denen einer am Kopfende und der andere am Fußende aufgestellt wird. Während auf den Grabplatten oder den Grabsteinen der aufwendiger gestalteten Grabstellen häufig ein Koranvers, der Name des Toten, ein Gedicht, eine Klage u. ä. geschrieben stehen, finden sich an den einfachen Gräbern der "Rangniedrigen", der "Außenseiter" und "Verdammten" nur selten Hinweise auf die Person.[9]

Die Friedhöfe sind sehr furcht- und pietätbesetzt. Man wird angemahnt, ein Gebet (die Koransure *Fatiha*) zu sprechen, wenn man einen Friedhof betritt oder an einem Grab vorbeikommt. In der Regel wird mit Bedacht versucht, eine solche "Begegnung" ganz zu vermeiden.

In den ostanatolischen Regionen werden die Verstorbenen nach Möglichkeit noch am Todestag begraben, sofern sie nicht gegen Abend oder in der Nacht verstorben sind. In den Fällen, in denen bis zum nächsten Tag gewartet wird, halten in der Regel ältere Gemeindeangehörige und nahe Familienangehörige am Kopf des Toten Wache.

Ist der Tod eines Menschen voraussehbar, sind zum Zeitpunkt des Sterbens die nahen Angehörigen und Alters- und Geschlechtsgenossen anwesend. Nachdem der Tod eingetreten ist, wird der Verstorbene auf eine Matratze in die Mitte des Raumes gelegt. Ihm werden dann die Augen zugedrückt, mit einem Tuch das Kinn hochgebunden, so daß der Mund geschlossen ist, und die großen Zehen der Füße aneinandergebunden. Die nächsten Angehörigen und Freunde sitzen auf den Knien um den Toten herum, beweinen ihn und beklagen den Tod. Meist sind das Frauen und die nächsten männlichen Familienangehörigen sowie nahe Freunde des Verstorbenen. Andere stehen weiter im Hintergund oder kümmern sich um die organisatorischen Dinge bzw. stellen sich prinzipiell zur Verfügung, leisten "Bei-Stand".

Es werden Boten ausgesandt, die die Bewohner der umliegenden Dörfer benachrichtigen. Aus diesen kommen dann, wenn der Verstorbene dort keine engeren Freunde oder Verwandte hatte, einige hohe Autoritätspersonen zur letzten Ehrerweisung, was auch immer dazu dient, den Hinterbliebenen zu symbolisieren, daß ihr Angehöriger eine bedeutende Person war und daß die Hinterbliebenen für den Angereisten ebenfalls nicht unbedeutend sind, d.h. der Solidarität und Hilfe gewiß sein dürfen.

Während in den Räumlichkeiten getrauert wird, gehen einige Jüngere los, um das Grab auszuheben.[10] Andere besorgen ein Leichentuch, Seife und Handtücher, die nach einem solchen Gebrauch nicht noch einmal verwendet werden dürfen. Ein religiöser (nicht ein heiliger) Mann, der meist ein korankundiger Imam ist, wird zur Bestattung herbeigeholt. Sind alle Familienangehörigen, Verwandte, Freunde und Bekannte eingetroffen, wird der Tote auf eine Bahre gelegt und von seinen älteren Geschlechtsgenossen rituell gewaschen, danach ins Leichentuch eingewickelt. Bei den orthodoxen Sunniten wird der Leichnam, nachdem er in ein weißes Tuch ohne Naht gehüllt wurde, zunächst in die Moschee gebracht und zum Totengebet vor der Moschee aufbewahrt. An vielen Orten, insbesondere wenn es sich um Städte handelt, findet auch die Waschung und das Einwickeln ins Leichentuch im Vorhof oder Waschraum der Moschee statt. Dann - mancherorts auch erst am Grab - wird *helal* gewährt, d.h. alle Rechtsansprüche gegenüber dem Verstorbenen werden erlassen. Das geschieht dadurch, daß der Imam die Trauergemeinde fragt, ob alle mit dem Toten in allen Dingen "zufrieden" sind und ob sie eventuelle Ansprüche ihm gegenüber abtreten, worauf die Trauergemeinde den gleichen Satz bejahend wiederholt.

Danach wird der Leichnam zum Friedhof getragen. Beim Tragen der Bahre, die auf die Schultern gehoben wird, wechseln sich die männlichen Träger ständig ab, so daß möglichst viele der anwesenden Männer den Leichnam ein Stück seines letzten Weges getragen haben. Jeder kann auf diese Weise dem Toten "einen letzten Dienst" erweisen.[11]

Im nächsten Schritt wird der Tote ins Grab gelegt. Das Grab wird meist mit einer Schicht Stroh ausgelegt, bevor der in ein Totentuch eingewickelte Leichnam rechtsliegend, mit dem Gesicht gen Mekka, hineingelegt wird. Die Grube wird nicht gänzlich mit Erde zugeschüttet, sondern es wird versucht, den Leichnam mit Hilfe von Holzstützen, die schräg in das Grab eingesetzt werden, und Stroh, das zum Ausfüllen der Zwischenräume dient, von der Erde, die danach ins Grab geschüttet wird, fernzuhalten. Der Leichnam liegt gewissermaßen in einem Luftstollen.

Nachdem das Grab mit Erde abgedeckt ist, wird noch ein letztes Gebet gesprochen. Dann kehrt die Trauergemeinde ins Trauerhaus zurück.

Das Nachtrauern

Einige Nachbarn haben während dieser Zeit eine Mahlzeit vorbereitet, die gemeinsam eingenommen werden soll. Anschließend kehren die entfernt wohnenden und verwandtschaftlich entfernteren Trauergäste in ihre Heimstätten zurück, die weit angereisten werden von Nachbarn und Bekannten der Hinterbliebenen als Gäste aufgenommen. Viele der Trauergäste bleiben auf diese Weise noch einige Tage in der Nähe der Trauernden, die sie dann von Zeit zu Zeit besuchen, um sie zu trösten und sich um ihre Befindlichkeit zu kümmern. Auch erledigen sie während der Kondolenzzeit (Beileidszeit) die liegengebliebenen Arbeiten, um die sich die Hinterbliebenen nicht kümmern konnten oder durften. Die Kondolenzzeit beträgt rituell drei Tage, wird jedoch häufig um mehrere Tage ausgedehnt.[12] Die Hinterbliebenen verlassen während dieser Zeit nicht das Haus, und dieses darf während der Kondolenzzeit vor den Gästen nicht verschlossen werden.

Eine große Anzahl von kommenden und gehenden Gästen symbolisiert, daß der Verstorbene in vielen Menschen weiterlebt, daß er "sozial nicht tot" ist. Je mehr Gäste kommen, je mehr sich Nachbarn, Freunde und Verwandte (die z.T. selbst Gäste sind, aber dem Haushalt geographisch wie emotional besonders nahestehen) um die Gäste kümmern, desto mehr bekommen die Hinterbliebenen vermittelt, daß "keine Träne, die sie weinen, umsonst geweint ist", und daß ihre Freunde, Verwandten und Bekannten sich alle Mühe geben werden, daß sie den Verlust ihres Angehörigen möglichst wenig spüren. Offensichtlich wird angenommen, daß das größte Unheil, die größte Strafe für einen Menschen im Allein- bzw. Menschenlossein und nicht im Sterben liegt. Deswegen auch legt man sehr viel Wert darauf, die Trauernden möglichst nie allein zu lassen und ihnen durch ständige Präsenz von vielen Anwesenden im Trauerhaus vor Augen zu führen, daß es ihnen nicht an Freunden mangelt.

Sollte das Trauerhaus nach Geschlechtern in zwei Bereiche geteilt sein, so übernimmt bei den Alewiten in der Männergruppe der Lebensfreund (*müsahip*), bei den Sunniten die nächsten Angehörigen, Freunde oder Paten (*kirve*) die Funktion des "Intimpartners". Für die Frauen gilt Entsprechendes, wobei die Frauen unter sich weniger streng zwischen Intim- und Öffentlichkeitssphäre unterscheiden und folglich weniger rangorientiert sind, so daß verschiedene Frauen der gleichen Generation als Intimpartner in Frage kommen. Diese haben sich dann um die Bedürfnisse und die Befindlichkeit des Betroffenen bzw. der Betroffenen in besonderer Weise zu kümmern.

Soweit die Geschlechtertrennung vorgenommen wird, sieht die Aufgabenteilung bei den Frauen ähnlich aus. Dort übernehmen jedoch vielfach die *yenges* - was übersetzt zwar "Schwägerinnen" heißt, aber auch "erfahrene Betreuerinnen" bedeutet - die Leitung der Rituale und Zeremonien. Sie sorgen dafür, daß den "offiziellen" Gästen Kaffee[13] oder Tee gereicht wird, daß die Trauernden umsorgt sind.

Die offizielle Trauerzeit dauert bis zu einem Jahr, die in verschiedene Segmente aufgeteilt wird: drei Tage, sieben Tage, 40 Tage, ein Jahr. Hierbei bilden die ersten drei Tage, mancherorts sieben Tage, die Kondolenzzeit, in der die Hinterbliebenen das Haus nicht verlassen und sich ganz und gar ihrer Trauer hingeben. Das bedeutet, daß sie sich während dieser Zeit im "Stadium der Aufgelöstheit" befinden. Die so Trauernden vernachlässigen (in den drei Tagen der Kondolenzzeit) ihre Körperpflege. Sie kämmen sich nicht, sie baden und rasieren sich nicht, vielerorts wird auch die Kleidung nicht gewechselt. Viele essen während dieser Zeit auch nicht. Sie befinden sich in einem gesellschaftlichen "Nichtraum" des Übergangs, in dem keine "gesellschaftliche Ordnung" existiert.[14]

Die Hinterbliebenen weinen heftig, raufen sich die Haare, wälzen sich auf dem Boden und zerkratzen sich das Gesicht, Ausdrucksformen, die typisch sind für die Trauer während dieser Zeit, insbesondere bei weiblichen Trauernden. Beim Klagen werden spontan gedichtete Klagelieder gesungen bzw. der Melodie des Weinens angepaßt - eher gesprochen oder geschrien. Lob des Verstorbenen, Hervorhebung seiner guten Eigenschaften, Selbstanklagen, Beschuldigung gegen das ungerechte Leben und Beklagen des Schicksals bilden meist den Inhalt solcher Klagelieder.[15] Es ist gesellschaftlich akzeptiert, daß - ähnlich wie beim Beweinen des Verstorbenen vor der Beerdigung - die "Mitweinenden" währenddessen ihre eigenen zuvor verstorbenen Angehörigen beweinen. Solche Situationen dienen auf diese Weise auch immer dem Ausleben eigener, unausgelebter Trauer, die mit dem aktuellen Trauerfall eigentlich nichts zu tun hat, jedoch durch ihn aktiviert wird.

Während der vierzigtägigen Trauerzeit tragen die Hinterbliebenen Trauerkleidung, die farblich bedeckt, aber nicht unbedingt schwarz sein muß. In dieser Zeit werden im Trauerhaus die Spiegel verhängt, und es wird alles gemieden, was Freude verschaffen könnte: Feiern zu Hochzeiten oder Beschneidungen, das Spielen von Musikinstrumenten, das Hören von Musik u.d.g. Auch muß in dieser vierzigtägigen Trauerzeit ein Teil der abendlichen Mahlzeit mit mindestens einem Nachbarn geteilt werden.[16]

Nach dem Ablauf der 40 Tage wird die Trauerzeit mit einer Zeremonie gelöst. Wiederum werden die Verwandten, Freunde und Bekannten zu einem Essen eingeladen, das Grab wird besucht, wo Opfergaben verteilt werden. Es wird sich dann "ausgeweint" und die offizielle Trauerzeit für beendet erklärt. Nach einem Jahr, wenn das Grab einbetoniert wird oder in sonstiger Form sein endgültiges Aussehen bekommt, wiederholt man eine ähnliche Zeremonie.

Der Trost

Die einfachste Form des Tröstens geschieht dadurch, daß Freunde, Verwandte, Bekannte und Nachbarn anwesend sind, ihre Anteilnahme bekunden und ihr Beileid ausdrücken.

In der ersten Phase der Trauer kommt es nicht so sehr darauf an, irgend etwas zu sagen, sondern "etwas zu tun", und sei es nur, dem Hinterbliebenen ein Glas Wasser zu reichen, was mehr symbolischen Charakter hat. In dieser Phase wird der Begrüßung und den Beileidsbekundungen noch kein großer Stellenwert beigemessen. Erwartet wird eher Betroffenheit, die sich durch Stille (häufiger bei Männern) oder in der Teilhabe am gemeinsamen Weinen und Klagen (häufiger bei Frauen) ausdrücken kann. Sich der Trauer hinzugeben, die Trauer unkontrolliert auszuleben, das wird als die tiefstgreifende Trostgebung verstanden, weil dadurch gezeigt wird, daß man die Schmerzen seiner Bekannten, Angehörigen oder Freunde zu teilen in der Lage ist. Weinen gilt als eine elementare menschliche Verhaltensweise. Es wird erwartet und als Trost empfunden, daß man durch ein beruhigendes Wort kundtut, daß man anwesend ist, daß man die Trauernden in ihrem Leid nicht allein läßt. Das Gesagte dient allenfalls als "Brücke" zum Trauernden. Erst wenn der Trauernde dieses Eingebettetsein angenommen hat, indem er sich "regressiv hat hineinfallen lassen" und "tief geschluchzt" hat, beginnt man, ihm die neue Realität Stück für Stück durch rationale Argumente, Anekdoten, Erzählungen, Erinnerungen und Witze klarzumachen. Dabei werden die unterschiedlichsten Verfahren erprobt. Man wechselt zwischen defensiven Beruhigungsstrategien und offensivem Argumentieren: "daß der Tod irgenwann einmal jeden trifft", "daß er unvermeidlich ist", "daß man den Verstorbenen dadurch weiterleben läßt, indem man aus der Prüfungssituation, die der Tod auch immer darstellt,

Lehren für die Zukunft zieht" usw. Allein die Anwesenheit von vielen Trauergästen wird schon als ein wichtiger Trostfaktor gesehen. Die gemeinsamen Mahlzeiten in den verschiedenen Stadien und die Opferverteilung, das letzte Mal am 40. Tag bestätigen dann auch symbolisch die zwischenmenschliche Verbundenheit. Mit dem gemeinsam gegessenen "Süßen" (*tatlı helva*) wird die Trauer beendet.[17] Damit ist die "positive Ordnung" wiederhergestellt. Die Trauernden sind wieder "gesellschaftsfähig".[18]

Wandlungen in der Migration

Das Sterben der Migranten vollzieht sich als Regelfall in den Krankenhäusern. Stirbt bereits der Einheimische in aller Regel unter ihm fremden Menschen in offiziellen, ihm fremden Räumen des Krankenhauses, so gilt das zunehmend auch für die Migranten. Aber sie sterben nicht nur unter Fremden, wie alle anderen auch, sondern als Fremde unter Fremden in der Fremde.

Zu Hause, in den eigenen "vier Wänden" zu sterben, entspricht zwar dem Ideal der türkischen Einwanderungsminderheiten, trifft in der Realität jedoch nur noch selten zu. Wenn es sich nicht um einen plötzlichen Tod handelt, wie z.B. einen Herzinfarkt, geht dem Sterben meist ein Krankheitsverlauf voraus, der medizinische Eingriffe indiziert und dafür ausgebildetes Personal voraussetzt. Ist der Migrant erst einmal als Patient im Krankenhaus, so bleibt er in der Regel selbst dann dort, wenn die Ärzte nichts mehr für ihn tun können. Das Krankenhaus ist in den Augen der Migranten der Ort, wo aufgrund des medizinisch geschulten Personals und der Existenz von allmächtig erscheinenden technischen Geräten ihr schwerkranker Angehöriger am besten aufgehoben ist.

Denn wer sonst kann einem Sterbenden überhaupt noch Hilfe leisten, wenn es nicht das Krankenhaus kann? Und meist will man zudem nicht wahrhaben, daß der Angehörige sterben wird. Ihn nach Hause mitzunehmen, hieße, die Realität des Todes zu akzeptieren. Ihn wieder mit nach Hause zu nehmen, hieße auch, nicht bis zum Äußersten gegangen zu sein, nicht alles Erdenkliche und Mögliche für seinen Angehörigen getan zu haben. Dies würde bei den Hinterbliebenen nach dem Tod ihres Angehörigen unermeßliche Schuldgefühle hervorrufen. Niemand möchte vor sich und anderen als jemand erscheinen, der seinen Angehörigen dadurch im Stich gelassen hat, daß er ihn dem Tod bzw. der Realität des Todes ausgesetzt hat. Deshalb wohl wird der Tod in derartigen Situationen dadurch verdrängt, daß er in Krankheit umgedeutet und der Institution Krankenhaus zum Kurieren übergeben wird.

Ein weiterer Grund ist die Angst vor der Übernahme von Verantwortung, weil man sich nicht sicher ist, ob man auch tatsächlich allen Situationen und unvorhergesehen Ereignissen, die eintreten können, gewachsen ist. Aus diesen

Gründen wird der Patient überredet, in jedem Fall im Krankenhaus zu bleiben. Es kommt auch häufig vor, daß die Angehörigen dem Sterbenden seinen erwarteten Tod verschweigen, ihm sogar nachdrücklich falsche Hoffnungen auf Genesung machen. Dahinter steht die Ansicht, daß kein Mensch so stark sein kann, daß er die Tatsache, daß er bald sterben wird, zu ertragen in der Lage ist. Daher dürfe und könne man dem Sterbenden die Wahrheit nicht ins Gesicht sagen. Spürt der Sterbende dennoch, daß irgend etwas nicht stimmt, bittet er meist Angehörige oder Besucher darum, ihm die Wahrheit zu sagen. Sagt hingegen der Arzt ihm die Wahrheit offen ins Gesicht, kann es passieren, daß er die Wut der Familienangehörigen auf sich zieht.

Alles in allem: zwischen die Sterbenden und die Gemeinschaft der Lebenden schiebt sich als vermittelnde Instanz das Krankenhaus, zwischen die Todgeweihten und die Überlebenden die Distanz.

Wandlungen der Bestattungsrituale

Ist das Sterben im Krankenhaus erfolgt und waren die Angehörigen nicht anwesend, benachrichtigt das zuständige Personal die nächsten Angehörigen des Verstorbenen. Ihnen wird in einem meist kurzen persönlichen Gespräch mitgeteilt, woran ihr Angehöriger gestorben ist und wie weiter verfahren wird. Meist wollen die Angehörigen "ihren" Toten noch einmal kurz sehen. Erfahrene Begleitpersonen versuchen erst einmal, die aufgelösten Familienangehörigen zu beruhigen und sie vom Krankenhaus fortzubringen. Dann kümmern sie sich um die Benachrichtigung anderer Familienangehöriger und Nachbarn. Häufig werden auch der Hausarzt der Familie und dem Verstorbenen nahestehende religiöse oder weltliche Autoritätspersonen zum Trauerhaus gerufen. Allein deren Anwesenheit vermittelt bereits ein wenig Linderung. Es herrscht in der Regel eine Situation völliger Aufgelöstheit, die nur durch die Aktivitäten der Autoritätspersonen ein wenig strukturiert wird. Offenbar ist dieser Zustand völliger Hilflosigkeit für die meisten Trauernden unerträglich, so daß sie es für richtiger halten, irgend etwas zu tun, als die Situation tatenlos hinzunehmen. Die Autoritätspersonen versuchen entsprechend den unausgesprochenen Erwartungen an sie, den Trauernden Zuversicht und Sicherheit zu vermitteln. Selbst wenn deren Bemühungen nicht sofort wirksam sind, helfen diese doch mit, ein Trauerarrangement zu schaffen und einen Trauerrahmen zu konstruieren, in dem die Trauer ausgelebt werden kann. Zudem legen sie - mehr oder minder bewußt - eine Abfolge von Schritten und Phasen für die Trauer fest, die sie jedoch wegen des in solchen Situationen herrschenden Durcheinanders immer wieder von neuem auf die individuellen Bedürfnisse und Befindlichkeiten der Trauernden abstimmen müssen.

In den Fällen, in denen der Verstorbene in das Herkunftsland überführt wird - das ist bislang die Regel -, müssen die Abläufe unter anderem auch deshalb sehr präzise geplant und durchgeführt werden, weil der Zeitrahmen, in dem alles zu geschehen hat, sehr knapp bemessen ist und zugleich sichergestellt werden muß, daß die dem Verstorbenen besonders nahe stehenden Personen nur einmal vom Verstorbenen Abschied nehmen müssen. Sie sollen nicht mehrmals die Qualen des Abschiednehmens durchmachen müssen.

In ihrer Heimat gäbe es dieses Problem (zumindest in dieser Form) nicht, weil ihnen dort zwischen dem Todeszeitpunkt und der Beisetzung nur wenig Zeit bliebe und die meisten Angehörigen die Möglichkeit gehabt hätten, den Trauerprozeß vom Anfang bis zum Ende zu begleiten. Auch wäre der Verstorbene dort in der Regel für eine wenn auch nur kurze Zeit direkt greifbar. Er läge auf einer Matratze inmitten eines Raumes oder auf einem Bett, um das herum sich Frauen und Männer, den Toten beweinend, gruppieren würden. Der größere Teil der direkten, auf den Toten bezogenen Interaktionen und Handlungen entfällt jedoch in der Migrationssituation. Es ist zwar prinzipiell möglich und rechtlich nicht ausgeschlossen, daß die Angehörigen den Verstorbenen vom Krankenhaus noch einmal ins Haus holen, um ihn dort nach traditioneller Art zu beweinen und von ihm Abschied zu nehmen, in der Regel wird davon jedoch kaum Gebrauch gemacht, teils, weil man um diese Möglichkeit nicht weiß, teils weil man sie nicht nutzen möchte.

Auch das Waschen des Verstorbenen fällt durch die Überführungen häufig weg. Bekennende Muslime lassen allerdings auch in Deutschland den Verstorbenen bei einer der Moscheen waschen oder beauftragen ein Beerdigungsinstitut damit. Konnte die Waschung in Deutschland nicht vorgenommen werden, wird diese in der Türkei vor der Beerdigung nachgeholt. Obwohl die Religion bzw. das kulturelle Selbstverständnis der Angehörigen sie dazu verpflichten, den Verstorbenen vor der Beerdigung rituell zu waschen, weil der Tote bei der Auferstehung am "Jüngsten Tag" gereinigt vor dem "Allmächtigen" stehen soll, unterbleibt die Waschung gelegentlich dennoch. Die Gründe dafür können vielfältig sein. Die häufigsten sind, daß man den Toten nicht erneut aus dem eigens für die Überführung präparierten Sarg herausnehmen möchte oder daß keine Zeit dafür bleibt. Die Religion schreibt zwar vor, daß kein Muslim in einem fest verschlossen Sarg beigesetzt werden darf, doch in der Praxis kann es dennoch dazu kommen, daß diese Gebote bzw. Verbote bewußt oder unbewußt übertreten werden.[19]

Das Tragen der Bahre bzw. des Sarges als Zeichen der Ehrdarbietung und Öffentlichmachung eines Todesfalles fällt durch die Migrationssituation ebenfalls weg. Auch hier zeigt sich erneut der Strukturwandel, der durch die Peripherie-Zentrums-Migration eingetreten ist. Die Verschiebung des Sterbens und des Trauerns hinter die Kulissen von Institutionen, die typisch für die postmodernen Wohlfahrtsgesellschaften ist, überträgt ihren Geltungsbereich nunmehr auch auf die Migranten. Auch diesbezüglich erfolgt ein Distanzierungsschub. Durch das Tragen des Verstorbenen zum Grab mit dem *helal*-Gewähren, dem letzten Gebet vor der Grablegung und dem gemeinsamen Zuschaufeln des Grabes (für viele allerdings eher symbolisch) war der Verstorbene den Hinterbliebenen auch physisch sehr nahe, er war sinnlich spürbar und konkret. Von diesem sinnlich-konkreten Toten konnten die Hinterbliebenen Abschied nehmen und an ihm ihre Trauer abarbeiten. Nun wird er irgendwo, in fremden Räumen einer fremden Institution aufbewahrt und von fremden Menschen, deren Beruf das ist, bewacht und zur Beerdigung zurechtgemacht, zu Grabe getragen und ins Grab gelegt.

Wandlungen der Trauerrituale

Die Tatsache, daß jemand gestorben ist, ist nun in der Regel nur noch abstrakt erfaßbar, vermittelt durch das Trauerverhalten der anderen. Das bedeutet für die Trauergemeinde und den Trauernden, daß in der akuten Trauersituation das "Trauerobjekt" nicht mehr konkret faßbar ist, wie es für sie vor der Migration "idealtypisch" der Fall war und in der Herkunftskultur noch teilweise ist. Dort legen sie den Toten in die Mitte des Raumes, bilden einen Kreis um ihn und beweinen ihn. Nun müssen sie trauern, klagen und weinen, ohne daß in der Mitte des Kreises - den sie immer noch bilden - irgendein faßbares Trauerobjekt wäre, d.h. die Trauer muß sich "abstrakter" vollziehen. Sie ist abgekoppelt vom Trauerobjekt. Es hat sich eine Vermittlungsebene zwischen den Traueraffekt und das Trauerobjekt geschoben, die formalisierte Institution des Wohlfahrtstaates. Der Affekt- und Emotionshaushalt sowie das Ausdrucks- und Kommunikationsverhalten der Trauernden unterliegen damit einem Distanzierungs- bzw. Abstraktionszwang.[20]

Der Distanzierungs- und Abstraktionsschub verstärkt sich zudem durch das Fehlen einer Grabstätte in mittelbar oder unmittelbarer Nähe der Hinterbliebenen. Der Friedhof als ein Ort der Begegnung der Lebenden mit ihren Vorfahren, aber auch allgemein mit Tod und Sterblichkeit, liegt durch die Überführung des Verstorbenen in das Herkunftsland weit außerhalb der täglichen Reichweite. Auch dies stellt eine spezifische Form der Todesverdrängung dar. Der "Tod" wird in das Herkunftsland überführt, dorthin verbannt. Er darf in der Migration nicht existieren, denn die Migration gilt als ein Zwischenstadium. Es dürfen darin keine Symbole der Endlichkeit vorkommen.

Die Distanz der Lebenden zu den Sterbenden und die der Trauernden zu den Toten gehen mit der Distanz der Trauernden untereinander einher. Über die Bestattungs- und Trauerrituale versichern sich die Hinterbliebenen ihrer Zusammengehörigkeit. Auch waren die Rituale in ihrer Beschaffenheit ursprünglich darauf ausgerichtet, daß die Trauernden ihre Handlungen immer wieder aufeinander abstimmen konnten. Sie mußten ihre Zusammengehörigkeit auch dinglich-konkret demonstrieren und auf diese Weise reproduzieren. Sie waren während des Trauerprozesses tatsächlich aufeinander angewiesen. Seit der Delegierung vieler vormals im Aufgabenfeld der Angehörigen liegender Notwendigkeiten und Handlungen an professionelle Helfer existiert diese Notwendigkeit nicht mehr. Trauerrituale und Trostversuche bisheriger Art verkommen angesichts der Rationalität der postmodernen Industriewelt und wohlfahrtsstaatlicher Sicherungssysteme zum Kitsch. Versuche, den Trauernden zu trösten, erzeugen beim Tröstenden zunehmend Schamgefühle. Ihm wird bewußt, daß die ancienten Formen sukzessive an Bedeutung resp. Sinn verloren haben und mehr und mehr zu leeren Hüllen werden.

Die meisten Migranten haben dieser Situation gegenüber eine ambivalente Einstellung. Einerseits befürworten sie die Übernahme vieler ehemals in den Händen der Hinterbliebenen liegender Aufgaben durch professionelle Helfer und fühlen sich dadurch entlastet, und kaum einer würde diese "Errungenschaften" rückgängig machen wollen, andererseits klagen sie über eine gewisse Leere und fühlen sich mit ihren Ritualen entfunktionalisiert.

Eine weitere Veränderung betrifft die raum-zeitliche Struktur der Trauerinstitution und des damit verbundenen Wechsels des "Trauerensembles", wenn der Verstorbene in das Herkunftsland überführt wird. Während sich die erste Phase der Trauer der Migranten im Einwanderungsland abspielt, wird die zweite Phase, das Begräbnis, mit dem darauf folgenden Beginn der zeremoniellen Nachtrauer in das Herkunftsland verlegt. Die dritte Phase, die eigentliche Nachtrauer mit ihren Übergangszeremonien, findet dann wieder im Einwanderungsland statt.[21] Diese Auflösung der "Einheit" der "Raum-Zeit" bleibt nicht ohne Auswirkungen auf den Affekt- und Emotionshaushalt der Trauernden, den Vergesellschaftungsaspekt der Trauer und die staatlich-institutionellen Rahmenbedingungen.

Die Trauernden, die den Toten bei der Überführung ins Herkunftsland begleiten, müssen neben den Anforderungen an ihren Affekt- und Emotionshaushalt, der während der Trauer zudem meist labil ist, auch noch den plötzlichen doppelten Wechsel des raum-zeitlichen Lebenskontextes mit dem damit verbundenen abrupten Wechsel von Bezugspersonen aushalten. Innerhalb kürzester Zeit befinden sich die Trauernden in einer völlig anderen Welt, unter anderen Menschen und an einem Ort, der nicht mehr ihr gewohnter Intimbereich ist.

Dort muß die Trauerinstitution samt ihren Rollen und Positionen jeweils von neuem aufgebaut werden, und das mit Personen, die dem Trauernden emotional zwar nicht fern stehen, von denen er aber doch lange Zeit räumlich getrennt war. Plötzlich steht er unter ihnen. Ohne daß sie Zeit und Gelegenheit hatten, sich wieder aneinander zu gewöhnen, müssen sie sich gegenseitig trösten und miteinander Emotionen austauschen.

Ein weiterer Aspekt betrifft die Vergesellschaftungsfunktion der Trauerrituale. Trauer und die Trauerinstitution haben einen wichtigen Vergesellschaftungsaspekt. Angesicht des Todes eines Angehörigen vergewissern sich die Hinterbliebenen ihrer gegenseitigen Verbundenheit und festigen diese erneut. Durch die raum-zeitliche Zweiteilung der Trauerinstitution werden die Trauernden gleich zweifach vergesellschaftet: zum einen in der Einwanderungsminderheit im Einwanderungsland und zum anderen in der Herkunftsgesellschaft im Herkunftsland. Somit werden anläßlich eines Todesfalles also nicht nur die Bindungen innerhalb der Einwanderungsminderheit gefestigt und erneuert, sondern auch die in der Herkunftsgesellschaft. Ein Vorgang, der die "Doppel-Identität" der Migranten als "Bindestrich-Deutsche" so nachdrücklich prägt, daß sie zu einem wesentlichen Strukturmerkmal ihrer Persönlichkeit wird.

Wandlungen der Machtbalancen

Während der gesamten Zeit vom Tod bis zur Überführung in sein Herkunftsland ist der Verstorbene seinen Angehörigen aus den Händen genommen und befindet sich unter staatlicher bzw. quasistaatlicher Verfügungsgewalt. Erst nachdem alle Formalitäten erledigt sind, verfügen die Angehörigen wieder über "ihren Toten", den sie dann zur Überführung in das Herkunftsland einem privaten Bestattungsunternehmer zu überlassen haben. Dort müssen die Angehörigen den Verstorbenen in Empfang nehmen, zu der von ihnen ausgewählten Totenstätte bringen und bestatten. Die Verfügungsgewalt über den Verstorbenen liegt im Einwanderungsland nicht mehr ausschließlich bei den Angehörigen, sondern ist partiell in die Hand des Staates übergegangen. Das bedeutet, daß die Trauernden unvermeidlich mit professionellen "Ent-Sorgern" in Verbindung treten müssen, die nach formal-rationalen Kriterien handeln und aus ihrer Aufgabenstellung heraus Erwartungen an die "Person" der Trauernden stellen, auf die sie bislang nicht vorbereitet sind. Sie verlangen von den Trauernden, daß sie ihre Gefühle vor dem formal-rational handelnden "Ent-Sorger" zurückhalten und kontrollieren. Das ehemalige Gebot der Einwanderungsminderheit, sich der Trauer völlig hinzugeben, sowie das Gebot, während der Kondolenzzeit (ein bis drei Tage, gelegentlich auch sieben Tage) das Haus nicht zu verlassen und sich nicht zu pflegen, wird also durch die formal-rationalen Kriterien der formal-rationalen Institutionen fundamental in Frage gestellt; denn diese erwarten vom Trauernden, daß er sich "zusammenreißt", die Fassung bewahrt und sich beherrscht, damit er den Anforderungen des öffentlichen Lebens gerecht werden kann.

Folglich sind auch durch die partielle "Verstaatlichung des Verstorbenen" viele ehemals funktionale Trauerrituale und -zeremonien funktionslos geworden; zu-gleich werden den Trauernden neue Verhaltensmodi abverlangt. Viele

Aufgaben werden nun von anderer Seite erledigt. Die Trauernden können deshalb ihre Verbundenheit mit dem Verstorbenen oder mit seinen nahen Familienan-gehörigen nun nicht mehr durch konkret sichtbare Hilfeleistungen demonstrieren. Die Hilfsangebote reduzieren sich zwangsläufig auf symbolische Gesten wie das Mitbringen von selbst zubereiteten Speisen, das Begleiten der Angehörigen ins Herkunftsland und insbesondere das Anbieten von Geldleistungen für eine angemessene Beerdigung. In diesen Übergangsritualen vollzieht sich, wie bereits zuvor in den Hochzeitsritualen dieser Einwanderungsminderheit, eine Kommerzialisierung und Monetarisierung der Hilfeleistungen und Zeremonien. Offensichtlich ist Geld das letzte konkret-faßbare und visuell sichtbare Symbol gewährter Hilfe und damit demonstrativer Verbundenheit.

Mit der Entfunktionalisierung vieler ehemalig funktionaler Trauerrituale und -zeremonien findet, bedingt durch die neue Kompetenzlage, auch eine Machtverschiebung unter den Helfenden statt. Nicht mehr die traditionellen Kompetenzen, die die älteren Migranten besitzen, sind es, die eine wirksame Hilfe darstellen, sondern nunmehr die Kompetenzen der jüngeren Generationen, wie z.B. Sprach- oder Bürokratiekenntnisse. Jetzt kommt es auf die Jüngeren und deren Überzeugungsgabe an, daß den Trauernden die Situation erleichtert wird.

Im Gegensatz zu den Älteren, denen vielfach noch die Würde vergangener Autoritäten anhaftet, die ihre Rituale und Zeremonien präzise beherrschen und über ein konsistentes Taktgefühl verfügen, mangelt es den in Deutschland aufgewachsenen jüngeren türkischen Migranten jedoch an ähnlich konsistenten Handlungsmustern. Deshalb stellen sie in Trauersituationen meist die stillen Trauernden im Hintergrund dar. Ihre eigentliche Kompetenz liegt in der Aufnahme von Außenkontakten. Sie machen sich dadurch nützlich, daß sie bei Bedarf den Arzt oder die Arbeitsstelle des Verstorbenen bzw. seiner Angehörigen benachrichtigen, Fahrdienste übernehmen, Flugtickets besorgen oder beim Bestattungsunternehmen dolmetschen. Sie konstituieren den formalen Rahmen der Trauersituation und versuchen dadurch, die "aufgelösten" nahen Angehörigen von derartigen Aufgaben freizuhalten. Später werden es wieder diese der zweiten und dritten Generation angehörenden Migranten sein, die alle anfallenden formalen Angelegenheiten übernehmen werden; von der Entschuldigung bei den deutschen Nachbarn für eventuell entstandene Lärmbelästigung bis hin zu der Erledigung der anfallenden Aufgaben, wie dem Besorgen und Übersetzen von Vermächtnissen, dem Einfordern bzw. Nachkommen anstehender Forderungen und Verbindlichkeiten bei Sterbekassen, Krankenkassen, Bausparkassen, Lebensversicherung, Zulassungsstelle für PKW u.v.a.

Die Älteren hingegen sind für derartige Aufgaben nur unzureichend qualifiziert. Ihre Kompetenzen und Handlungsmuster haben in der Migrationssituation kaum einen praktisch-pragmatischen Nutzen. Sie sind in einem anderen Kontext, in einer anderen Sinn- und Symbolwelt ausgebildet und gereift. Ihre

Fähigkeiten sind im Einwanderungsland Deutschland nur bedingt gefragt. Sie können nicht, wie gewohnt, ihre Autorität in der direkten Interaktion mit anderen Funktionsträgern in die Waagschale legen, um für die eigene Gruppe symbolische Macht zu demonstrieren. Jede ihrer Interaktionen mit deutschen Funktionsträgern und Institutionen verläuft vermittels eines Übersetzers und kann daher nie voll zur Entfaltung kommen. Abgesehen davon wären die von ihnen verwendeten Symbole in der Mehrzahl für die postmoderne deutsche Welt unbedeutend. Das Symbol der fehlenden Bartrasur - um willkürlich ein Beispiel herauszugreifen - würde eher als Zeichen der Ungepflegtheit wahrgenommen werden denn als Zeichen der Trauer. Der massenhafte Andrang bei einer Behörde durch Verwandte und Nachbarn des Verstorbenen zwecks Demonstration von Zusammengehörigkeit, Stärke und Ansehen der Familie würde bei den deutschen Behörden bestenfalls Irritationen auslösen, in der Regel wohl doch Angst- und Abwehrreaktionen.[22] Die kurz nach dem Eintritt des Todes spontan angestimmten Totenklagen würden im Krankenhaus als Störung aufgefaßt werden. Angesichts dessen bleibt den "Alten" meist nur der Rückzug auf monetäre Hilfsangebote, auf das Erzählen von tröstenden Erlebnissen und Anekdoten und das Sichkümmern um die sakralen Dinge.

Wandlungen in der Trauergemeinde

Es fällt weiter auf, daß die Trauergemeinde, die die Trauerinstitution im Einwanderungsland bildet, in immer mehr Fällen heterogen zusammengesetzt ist. Zu den Personen, die aus demselben Herkunftsland nach Deutschland gekommen sind, die trotzdem häufig aus ganz verschiedenen Lebenskontexten stammen, kommen andere hinzu, die ihre Verhaltensmodi in voneinander verschiedenen Kulturen ausgebildet haben.

Die unmittelbar von einem Trauerfall betroffenen Menschen und ihre Helfer und Unterstützer stehen in derartigen Situationen vor der schwierigen Aufgabe, allen diesen in einem Raum zusammengekommenen Menschen emotional gerecht zu werden, anstelle von ihnen Hilfe zu bekommen. Denn die Erleichterungsbemühungen selbst können - so gut sie auch gemeint sein mögen - den Trauernden mehr belasten als entlasten, insbesondere dann, wenn z.B. weitgehend individualisierte Trauernde Trostversuche von Menschen, die vergleichsweise noch geringere Individualisierungsgrade aufweisen und dementsprechend vereinnahmend handeln, als aufdringlich interpretieren und sich dadurch belastet fühlen. Auch die ständige Präsenz von Menschen im Trauerhaus kann als Kontrolle empfunden werden, was den Trauernden daran hindern kann, sich seiner Trauer unmittelbar hinzugeben. Zudem kann eine von einer Seite als notwendig erachtete körperliche Nähe von der anderen Seite als Verletzung der persönlichen Intimsphäre empfunden werden. Solch eine Situation bedeutet nicht nur für die unmittelbar Trauernden einen stärkeren Zwang zum Selbstzwang und zum Managen der eigenen Emotionen, sondern auch ein stärkeres Emotionsmanagement für die die Trauerinstitution konstituierenden Anwesenden, die sich untereinander kaum kennen.

Alle diese dem Verstorbenen oder seinen Angehörigen aus irgendeinem Lebenszusammenhang heraus nahen Menschen finden sich angesichts des Trauerfalls zu einer "Trauergemeinde" zusammen. Es kommt nicht selten vor, daß sie sich nicht einmal in *einer* Sprache verständigen können. Trotzdem sollen sie interagieren und miteinander Intimitäten auszutauschen. Die daraus resultierenden Unsicherheiten können sehr leicht zu einer angespannten und verkrampften Atmosphäre führen, die das Ausleben von Trauer nicht nur nicht erlaubt, sondern die Trauernden geradezu zur Zurückhaltung oder Unterdrückung ihrer Gefühle zwingt.

Die Trauernden müssen bei der Entgegennahme von Trost nicht nur zwischen informalisierten, naturwissenschaftlich-rationalen und religiösen Erklärungen bzw. Beteuerungen und Beschwichtigungen unterscheiden, um sich immer wieder neu darauf einzustellen, sondern ihre Empfindungen auch der jeweiligen Symbolwelt entsprechend ausdrücken können. Fromme Gläubige möchten z.B. ein Gebet sprechen, wofür sie Respekt einfordern, andere nach einem *Hoca* rufen, der *mevlût* liest, damit die "Schwere des Todes das Haus verläßt"[23]. Menschen verschiedener Sprachen und unterschiedlichen Glaubens - alle müssen dieser Situation durch Kontrolle ihrer Affekte und das Managen ihrer Emotionen gerecht werden, ihre Handlungen dementsprechend koordinieren.

Es können sich daraus auch Reibungspunkte und Konflikte ergeben, weil die verschiedenen, zur gleichen Zeit aktiven Komponenten und Aspekte der Trauer nicht vollständig aufeinander abgestimmt sind. So kann es sein, daß die individuelle Erlebnis- und Verhaltensintensität den kulturell vorgegebenen Verhaltensrahmen sprengt oder daß der Trauernde gewissermaßen aus dem Rahmen fällt. Z.B. wird dem Betroffenen für seine Trauerarbeit durch die Trauergemeinde und die Institutionen der Gesellschaft eine bestimmte Zeitfolge vorgegeben. Innerhalb dieser Grenzen und entlang einer bestimmten Zeitfolge soll er sein Verhalten koordinieren. In den jeweiligen Phasen der Trauer werden ihm bestimmte Verhaltensformen abverlangt. Da das Trauererlebnis und die Trauerverarbeitung - und damit auch die mit diesen zusammenhängenden psychodynamischen Reaktionen - jedoch individuell unterschiedlich verlaufen, kann es zu Reibungspunkten oder Konflikten zwischen den Komponenten des individuellen Trauererlebens und den Komponenten der kulturell vorgegebenen Trauerformen kommen.

Hinzu kommt die Schwierigkeit, daß es sich bei der "Trauerinstitution" um eine Institution handelt, die von relativ kurzer Geltungsdauer ist und deren Funktionsbereich auf wenige Funktionen beschränkt ist. Das allein würde noch kein Problem ergeben, wenn diese wenigen Funktionen nicht von dermaßen einschneidendem, intimem und elementarem Charakter wären, wie Sterben, Trauern und Trösten nun einmal sind, sie aber gleichzeitig hinter die Kulissen der Gesellschaft verbannt werden. Wenn bestimmte Lebensereignisse intimisiert und aus der Öffentlichkeit ausgeschlossen sind, kann man die Art und Weise, wie bestimmte Dinge getan werden müssen, nur sehr schwer erlernen. Und dennoch wird im Geltungsbereich der jeweiligen Institution erwartet, daß man sich in einer spezifischen Weise verhält. Menschen können die Rituale und Zeremonien aufgrund ihres intimen Charakters nur schwer erlernen, die sich aufgrund der Individualisierung zudem fortwährend pluralisieren. Wenn diese individualisierten Rituale und Zeremonien in der jeweiligen Trauersituation nicht aneinander angepaßt werden können, gehen sie aneinander wortwörtlich vorbei. Statt den Betroffenen Erleichterung zu bringen, wozu sie gedacht sind, schaffen sie so zusätzliche Spannungen.

Zu Reibungspunkten oder Konflikten kommt es häufig auch, weil die Interaktionspartner zu unterschiedlichen kulturellen Bewertungen der Situation gelangen oder Schwierigkeiten bei der Bemessung einer "angemessenen" Reaktion haben, wie auf eine Situation reagiert werden soll. Dann fällt es ihnen schwer, die gegenseitigen Handlungen zu antizipieren, die eine Voraussetzung für jede Kommunikation darstellt. Es kann dann durchaus zu Reaktionen kommen, die wechselseitig als unangemessen empfunden werden.

Zu besonders ernsthaften "interkulturellen" Konflikten kann es im Bereich der "Trauerrituale" kommen, also in dem Bereich, der kulturell besonders stark genormt und institutionell abgesichert ist. Weitere Konfliktfelder sind dort zu vermuten, wo übergreifende staatliche Institutionen mit der Trauerinstitution der Trauergemeinde um Geltungsmacht konkurrieren.

"Rückkehrillusion"

Die Migration wird sowohl von den Migranten als auch der Aufnahmegesellschaft als "Provisorium" angesehen, das spätestens dann aufgelöst werden soll, wenn die Migranten in den Geltungsbereich des ursprünglichen Herkunftslandes zurückgekehrt sind.

Dieser Sachverhalt ist in der Migrationsforschung als Rückkehrillusion bezeichnet worden. Bei der "Rückkehrillusion" handelt es sich - neben vielen anderen Aspekten - psychisch um eine Verdrängung, um mit der sich aufdrängenden Realität fertig zu werden, daß das Migrationsvorhaben, das die Remigration einschloß, gescheitert ist, daß also die Migrationsziele nicht mehr erreicht werden können.

Wenn es aber etwas gibt, das durch die "Rückkehrillusion" am meisten aus dem Bewußtsein getilgt wird, dann ist es die Vorstellung, daß man eines Tages in der Fremde sterben könnte, und zwar sterben, ohne sein Migrationsziel erreicht zu haben. Denn der Tod macht jede noch so illusionäre Vorstellung von der Rückkehr zunichte. Er vergegenwärtigt auf brutalste Weise die unumkehrbare und nicht mehr veränderbare Realität, daß die Migrationsziele nicht erreicht wurden und sich das als Übergang gedachte provisorische Leben im Einwanderungsland als endgültig erwiesen hat. Er bringt bei den Hinterbliebenen auf geradezu dramatische Weise die verdrängte Angst zum Vorschein, daß es jedem von ihnen so ergehen könnte. Mit dem Tod eines Migranten treten den Hinterbliebenen auch der verdrängte "soziale Tod" und die verschleppte Trauer in all ihrer Brutalität ins Bewußtsein. Der Wunsch der Hinterbliebenen, den Verstorbenen in sein Herkunftsland zu überführen, dürfte deshalb wohl als der letzte Versuch verstanden werden, die Migration wenigstens noch symbolisch zum Abschluß zu bringen, und sei es dadurch, daß der Migrant als Toter in sein Herkunftsland zurückkehrt.

Diese Art von migrationsspezifischer Verdrängung kennzeichnet - als Ergänzung zur üblichen Todesverdrängung - das Wesen der Todesverdrängung der Migranten. Deshalb kann auch in Zukunft noch davon ausgegangen werden, daß für die erste und z.T. sogar für die zweite Generation nach dem Eintritt des Todes die Überführung in das Herkunftsland lange Zeit Geltung haben wird.

Nur langsam registrieren die übergreifenden staatlichen Institutionen die ständige Anwesenheit von Migranten, und nur langsam stellen sie sich darauf ein. Mittlerweile werden in nahezu allen größeren Städten auf gemeindeeigenen Friedhöfen geschlossene Sektionen für Muslime reserviert oder, wie in Berlin, separate islamische Friedhöfe eingerichtet. Auch sind in den letzten Jahren Diskussionen über die Bedürfnisadäquanz von sozialen Einrichtungen verstärkt in Gang gekommen.[24]

Wenn Einwanderung, ob gewollt oder nicht, stattgefunden hat und die Bundesrepublik Deutschland mehr und mehr die Heimat auch von Menschen mit nicht-christlicher Religionskultur wird, ist es eine der Aufgaben der Gesellschaft, den institutionellen Rahmen dafür zu schaffen, daß die elementaren Bedürfnisse dieser Menschengruppen befriedigt werden können. Die Staatsgesellschaft muß über kurz oder lang erkennen, daß alle, die zu ihr gehören, auch institutionell als Staatsbürger mit allen Rechten und Pflichten zu ihr gehören müssen; die Repräsentanten müssen die Rahmenbedingungen hierfür schaffen. Die Deutschlandtürken müssen sich mit dem Gedanken vertraut machen, in Deutschland beerdigt zu werden.

Anmerkungen

1   Die folgenden Ausführungen beruhen größtenteils auf mündlichen Darstellungen von Mitgliedern der Einwanderungsminderheit mittleren und älteren Jahrgangs aus der Türkei. Ihre Aussagen wurden überprüft und ergänzt mit Hilfe der von Untersuchungen türkischer Wissenschaftler zur regionalen und religiösen Kultur in der Türkei. Eine der Untersuchungen (Sedat Veyis Örnek, Anadolu folklorunda ölüm, 2. Aufl., Istanbul 1979) behandelt explizit das Thema Sterben und Tod; Zeki Başar (Erzurum'da Tıbbi ve Mistik Folklor Araştırmaları, Ankara 1972) widmet ihm eines seiner Hauptkapitel. Zur islamischen Tradition im allgemeinen vgl. M. Salim Abdullah, Islamische Bestattungsriten und Friedhofskultur. In: Deutsche Krankenpflege-Zeitschrift, Stuttgart 44 (1991) 12, S.880-885; zum Umgang mit Sterben in der Fremde siehe Gerdien Jonker/Theresa Wobbe, Sterben in der Fremde. In: Marjan Sax/Knaar Visser/Marjo Boer (Hg.), Begraben und Vergessen? Ein Begleitbuch zu Tod, Abschied und Bestattung, Berlin. Auch eine lesenswerte Magisterarbeit liegt an der Ludwig-Maximilians-Universität München zu diesem Thema vor: Thorsten Blach, Türkisches Totenbrauchtum. Tod und Sterben in der Türkei und in Deutschland am Beispiel der Stadt München. Philosophische Fakultät für Altertumskunde und Kulturwissenschaften der Ludwig-Maximilians-Universität München 1995; zu den Bestattungsritualen der Yeziden vgl. Evangelische Kirche Deutschland, Die Yeziden. Eine Arbeitshilfe, Hannover 1992, und Claudia Kleinert, Eine Minderheit in der Türkei: Die Yezidi. In: Zeitschrift für Türkeistudien, Leverkusen 6 (1993) 2, S. 223-234.
2   Wenn von Anatoliern die Rede ist, dann werden damit alle in der peripheren Türkei ansässigen (muslimischen) Menschengruppen umfaßt, jenseits von Ethnie, Sprache und Konfession. Falls Besonderheiten vorkommen, die spezifisch für eine Menschengruppe sind, wird darauf aufmerksam gemacht.
3   Werner Schiffauer, Die Bauern von Subay. Das Leben in einem türkischen Dorf, Stuttgart 1987, S. 64-65.
4   Hier haben wir ein gut sichtbares Beispiel für zwei miteinander kollidierende Vorstellungen von "Kulturschichten" zweier Kulturepochen. Die eine, die Emanationslehre der ständigen Seelenwanderung, dürfte aus dem Vorislam stammen und wird heute den "Hindureligionen" zugeschrieben, während der Jenseitsglaube den monotheistischen Religionen entspringt. Auch ist eine vorislamische Kulturschicht einer der Begründungshintergründe für das Abweichen von der Regel, daß einem guten Menschen ein guter Tod beschieden wird. Tritt das nicht ein, kann das damit erklärt werden, daß dieses eine Strafe für ein vorangegangenes Leben darstellt, in dem der Verstorbene nicht für alle Sünden ausreichend gebüßt hat. Das gilt auch für die miteinander konkurrierenden Bezeichnungen für Gott. Noch in der gegenwärtigen Türkei wird Gott als *Tanrı* bezeichnet, während er koranisch *Allah* genannt wird. *Tanrı* aber leitet sich von *Tängri* ab. "Mit Sicherheit ist Tängri ... von allen Göttern der altaischen Völker der bedeutendste und bekannteste." Mircea Eliade, Geschichte der Religiösen Ideen. Bd. 3/1: Von Mohammed bis zum Beginn der Neuzeit, 2. Aufl., Freiburg-Basel-Wien 1983, S. 15. Auch die im Koran auftauchenden "99 Namen für Allah" hat es - wenn man Eliade folgt - bereits bei den alteurasischen Religionen gegeben: "Die Mongolen kennen 99 Tängri, die Mehrzahl mit genauen Namen und Funktionen." Ebenda, S. 16.

5 Hieran wird auch ersichtlich, daß die Schicksalsgläubigkeit und der Fatalismus in orientalischen Gesellschaften ihre Wurzeln nicht im Islam haben, denn nach dem Islam wird man "von Gott nur einmal auf die Probe gestellt". Der Fatalismus islamischen Ursprungs besagt, daß das Leiden dieser Welt zu ertragen ist, um die Probe für das Jenseits zu bestehen, während die aus der vorislamischen Ära stammende Schicksalslegitimation, die in den pragmatisch-praktizierten Volksislam eingegangen ist, das Leidertragen aus einem postulierten früheren Leben heraus legitimiert. Wer in seinem früheren Leben Sünden begangen hat, muß in diesem nun dafür leiden, ließe sich diese Legitimation zusammenfassen.

6 Vgl. z.B. Klaus Barisch/Lissi Barisch, Grabsteine - Abbilder der Toten. In: Dies., Istanbul, 4. Aufl., Köln 1978; Jale Tükel (Hg.), Istanbul. Reise Textbuch. Kapitel Friedhöfe, München 1987.

7 Örnek, a.a.O., S. 65ff.

8 Abdullah, a.a.O., S. 884.

9 Vgl. Örnek, a.a.O., insbesondere die Abbildungen im Anhang.

10 In den Städten wird diese Aufgabe von professionellen Totengräbern übernommen.

11 In letzter Zeit würden auch Leichenwagen verwendet, insbesondere in den Städten. Vgl. Başar, a.a.O., S. 232.

12 Vgl. ebenda, S. 232ff.

13 Kaffee oder Tee werden in der Regel ungezuckert gereicht. Süßes gilt während der Trauer als Tabu.

14 Vgl. hierzu eingehender Schiffauer, a.a.O., S. 36ff. Die Reinlichkeitsnormen für die Hinterbliebenen orthodox-sunnitischer Konfessionen weichen von diesen Schilderungen nur dadurch ab, daß dort die Verbindlichkeit der religiösen Waschungen und des Sprechens von Gebeten auch für das Stadium der Aufgelöstheit gilt. Ob die Betroffenen sich auch wirklich danach richten, ist eine andere Frage.

15 Vgl. zu diesem Thema eingehender den Beitrag von Gerdien Jonker in diesem Band.

16 Es ist darauf hinzuweisen, daß die Einhaltung dieser Trauerrituale von Fall zu Fall variiert. Während manche sich sehr streng in der überlieferten Weise an die Abfolge halten, gehen andere mit den normativen Erwartungen der Gemeinde lockerer um oder halten sich überhaupt nicht daran. Wieder andere tun demonstrativ genau das Gegenteil von dem, was während einer Trauer geboten ist.

17 Süßes symbolisiert in dieser Gesellschaft die "positive Ordnung" der Gesellschaft, die durch das Symbol, gemeinsam etwas Süßes zu essen, wiederhergestellt wird.

18 In vielen Fällen (meist in der Stadt) wird diese Zeremonie mit dem gemeinsamen Bad (nach Männern und Frauen getrennt) im Badehaus (hamam) ergänzt, wodurch die Trauer symbolisch abgewaschen und damit bereinigt wird.

19 Das läuft natürlich, wie zu erwarten ist, nicht ganz ohne Konflikte und Spannungen ab. Das bei Sax u.a., a.a.O., abgedruckte Interview von Gerdien Jonker mit Zeynep, der Gattin eines verstorbenen türkischen Migranten in Berlin, legt ein Zeugnis von den Wandlungen der kulturellen Muster in und durch die Migration und von den Spannungen ab, die mit diesem Wandel einhergehen.

20 Des öfteren wurde ich Zeuge davon, wie türkische Frauen, die eigentlich über den Tod klagen und den Toten beweinen wollten, darüber klagten, daß ihnen dies angesichts des Fehlens eines konkret-sichtbaren und konkret-faßbaren Toten unwirklich vorkomme und daß sie sich beim "abstrakten Beweinen" etwas lächerlich vorkämen.

21 Allerdings fahren viele dafür erneut ins Herkunftsland, um die Trauer im traditionellen Sinne, am Grabe des Verstorbenen, aufzulösen.

22 Ein Beispiel zur Veranschaulichung: In Hannover lebt eine Großfamilie (genauer, eine Dorfbevölkerung, die kreuz und quer miteinander verwandt ist) aus der Schwarzmeerregion. Andere Familienmitglieder leben verstreut über ganz Europa, die überwiegende Mehrheit jedoch in Süddeutschland. Bei besonderen Anlässen und in Notfällen sehen sie sich dazu veranlaßt oder verpflichtet, zusammenzukommen und einander beizustehen. Es findet unter ihnen ein regelrechter Wettkampf um soziales und finanzielles Engagement für den Betroffenen statt, was zur Folge hat, daß alle die gleichen symbolischen Aktionen vollziehen. Und weil das in der Öffentlichkeit geschehen muß, damit alle anderen es auch wahrnehmen, konzentrieren sich bei diesen Aktionen fast alle auch geographisch auf denselben Raum, z.B. das Krankenhaus, wenn dort jemand stationiert oder gestorben ist. Hier kommt es häufig zu Konflikten zwischen den an symbolischen Handlungen sich orientierenden Angehörigen und den nach Rationalitäts- und Effizienzkriterien funktionierenden Institutionen. Die Gebote des einen können Verbote des anderen Systems sein.

23 *Hoca* ist ein korankundiger Gelehrter, in der Regel jedoch eher nur Gebetsvorsteher. *Mevlût* ist ein in arabisch gelesenes oder aufgesagtes langes Gedicht auf die Geburt Mohammeds. Es stellt eine Art Seelenmesse dar und bedeutet wörtlich "Kind" oder "Erzeugnis". Es spielt auf die Wiedergeburt an und wird gelesen, damit der Tod "seine Schwere" verliert.

24 Vgl. hierzu Abdullah, a.a.O., S. 884, auch Jonker/Wobbe, a.a.O.; Beauftragte der Bundesregierung für die Integration der ausländischen Arbeitnehmer und ihrer Familienangehörigen (Hg.), Bericht '99. Zur Situation der ausländischen Arbeitnehmer und ihrer Familien - Bestandsaufnahme und Perspektiven für die 90er Jahre, (Bonn 1990).

Die Totenklage in der Migration: interkonfessionelle Bewertungen einer traditionsreichen Praxis[1]

Gerdien Jonker

Ich soll nicht weinen, habe ich denn etwas zu lachen?
Trennung ist mein Schicksal; was kann ich dagegen tun?
Die Blumen der anderen sind rot und grün.
Mein Röschen ist verwelkt; was kann ich dagegen tun?

Ich soll nicht weinen, habe ich denn etwas zu lachen?
Man kann nicht lachen, wenn man traurig ist.
Ein trauriges Schicksal ist mir vorbestimmt.
Nicht zu ändern bis zum jüngsten Gericht.

Nie richtig gelacht, seitdem ich diesen Kummer habe.
Das soll niemand erleiden, was ich erlitten habe.
Machte mich die Liebe zu einem Weltreisenden,
würden die Wege mich bemitleiden und mit mir weinen.

      Türkische Totenklage[2]

In muslimischen Familien werden Verstorbene manchmal noch von einer Klage begleitet. Sobald der Sterbende zu Hause den letzten Atem ausgehaucht hat, oder, was oftmals der Fall sein wird, die Todesnachricht eingetroffen ist, wird eine nächste Verwandte, die Mutter, die Schwester oder die Ehefrau, ein Kleidungstück des Verstorbenen ausbreiten und anfangen, unter Weinen und Klagen das verstrichene Leben in einem improvisierten Lied zusammenzufassen. Später werden Nachbarn und Familienangehörige im Sterbe- oder Trauerhaus zusammenkommen, und während die Männer Vorbereitungen für das Begräbnis treffen, setzen die Frauen sich zusammen und singen Lieder für den Verstorbenen.

Die Totenklage ist bis heute fester Bestandteil der Tradition aller Mittelmeerländer. Sie ist eine kulturelle Fähigkeit, die es erlaubt, auf kollektive Weise dem Schmerz und der Fassungslosigkeit über den Tod eines geliebten Menschen Gestalt zu geben. Sie zeichnet einen Weg vor, den Verlust in Erinnerung umzuwandeln. Jan van Gennep hat die Zeit zwischen Tod und Begräbnis als eine Schwellensituation bezeichnet.[3] Durch den Tod des Einzelnen ist ein Loch im sozialen Gewebe entstanden, das nicht gleich geschlossen werden kann. Die rituellen Handlungen, die den Tod begleiten, bieten den Überlebenden einen Leitfaden, um die emotionale und soziale Verwirrung, in die sie geraten sind, kollektiv zu überwinden. Die Totenklage ist in diesem Prozeß eine wichtige Handlungsmöglichkeit.

Die Geschichte der islamischen Länder ist reich an Totenklagen. Davon erfuhren die Dichtungen der arabischen klassischen Epoche als wichtiges literarisches Genre eine eingehende Untersuchung.[4] Trauerdichtungen der islamischen Gegenwart werden eher als Objekt anthropologischer und musikologischer Studien wahrgenommen, und das meistens nur am Rande[5]; als literarisches Genre kommen sie eher selten in Betracht.[6] Umgang mit Tod und Trauer gehört nicht zu den bevorzugten Gegenwartsthemen. Bislang wurden nur in Ägypten und in der Türkei eine Handvoll Studien verfaßt, die einen Einblick in die jeweiligen örtlichen Praktiken ermöglichen.[7]

Hier sollen vor allem Beispiele von türkischen Totenklagen herangezogen werden. Sie sind mit den Arbeitsmigranten, die zumeist aus den ländlichen Gegenden der Türkei kommen, nach Deutschland gelangt. In dem Hin und Her zwischen der Familie in Deutschland und dem Teil, der in der Türkei geblieben ist, spielen die Trauer- und Begräbnisrituale eine besondere Rolle. Das Durcheinander, das der Tod des Einzelnen im sozialen Gewebe hinterläßt, wird durch die Migration verstärkt. Traditionsreiche Praktiken können in dieser Situation zum Vehikel werden, um einen neuen Zusammenhalt entstehen zu lassen. Die Anthropologen Parry und Bloch stellen fest, daß soziale Ordnung bei den Begräbnisriten neu hergestellt wird.[8] Hier wird die Vermutung geäußert, daß die Begräbnispraktiken dahingehend verändert werden können, daß sie eine Erneuerung des sozialen Zusammenhalts begünstigen. Tradition ist ein lebendiger Prozeß, der immer wieder hergestellt werden muß. Der Werdegang der türkischen Totenklage kann diesen Prozeß beispielhaft erläutern.

Im folgenden wird es also um eine ausgeprägte und lang überlieferte kulturelle Form des Trauerns im Islam gehen. Daher soll zuerst dargestellt werden, wie sich die islamische Tradition zum Thema Weinen und Klagen geäußert hat. Um zu verstehen, unter welchen Formen diese Tradition in der Gegenwart weiterlebt und anerkannt wird, ist die grundlegende Studie des Islamwissenschaftlers Jacques Berque über das islamische Recht zu Rate gezogen worden.[9] In dieser Studie untersucht Berque das Spannungsfeld zwischen dem Dogma, wie es im islamischen Recht (*fiqh*) niedergelegt wurde, und dem Gewohnheitsrecht (*ʿurf* und *ʿamal*). Er stellt fest, daß, obwohl die religiöse Vorschrift die dominante Regel darstellt und das Gewohnheitsrecht immer nur als Ausnahme formuliert werden kann, die Bestimmungen des fiqh eine intensive Beziehung zu der jeweiligen Realität unterhalten, die auch als soziale Notwendigkeit (*ḍarūra*) formuliert wird.

In neueren anthropologischen Untersuchungen wurde mehrmals darauf hingewiesen, daß im Bereich des Todes wie auch in anderen Bereichen des alltäglichen Lebens die Rollen zwischen den Geschlechtern hierarchisch verteilt sind.¹⁰ Zum Beispiel werden die Trauer- und Erinnerungsrituale der Frauen als Gewohnheitsrecht (ʿurf) eingestuft und gelten religiös als minderwertig. Männer dagegen widmen sich ausschließlich Handlungen, die der religiösen Regel entsprechen. Sozial gesehen bringen sie damit Anerkennung und Status zum Ausdruck. Es stellt sich also die Frage, wie sich die Verbindung von lokalen Praktiken mit "Islam" beurteilen läßt und was es bedeutet, daß Frauen für eben solche Handlungen zuständig sind, die als "unorthodox", in jüngster Zeit sogar als "unislamisch" eingestuft werden. Die Totenklage ist dafür ein schlagendes Beispiel.¹¹

Anthropologen, die in islamischen Ländern arbeiten, wie zum Beispiel Nancy und Richard Tapper oder Ladislav Holy, haben darauf hingewiesen, daß soziale Zwänge und religiöse Pflichten einander ergänzen.¹² Der Rückgriff auf die ḥadīṯ-Literatur spielt dabei eine legitimierende Rolle. Mit dieser Feststellung wird allerdings noch nicht erklärt, daß die Zuständigkeitsbereiche von Männern und Frauen im Bereich des Todes auch jeweils ihre asymmetrischen sozialen Positionen verstärken.¹³ Berque's Studie erlaubt es indes zu verstehen, wie das Verhältnis zwischen Transzendenz und Immanenz, zwischen göttlicher Regel und irdischer Wirklichkeit, im fiqh selber geregelt ist. Änderungen im "traditionellen" Verhalten, die durch die Einwirkung der Migration entstanden sind, sollten unter diesen Gesichtspunkt betrachtet werden. Die Berliner Gegenwart zeigt, daß eine unterschiedliche Bewertung des Gewohnheitsrechts eine interkonfessionelle Abgrenzung der islamischen Gemeinden in der Migration begünstigt.

Tränen in der Tradition

Will man den literarischen Werken, die die Überlieferungen über das Leben des Propheten und seine Gefährten wiedergeben, Glauben schenken, so wurde in der Anfangszeit des Islam kräftig geweint. Überhaupt bildete die Auseinandersetzung mit dem Tod ein wichtiges Thema. Al-Buḫārī ordnete sogar alle einschlägigen Überlieferungen in einem eigenen Kapitel, dem "Begräbnisbuch" (Kitāb al-ǧanāʾiz).¹⁴

Man hört dort von weinenden Männern und Frauen, aber vor allem von den Tränen des Propheten, die er beim Tod seiner Freunde und Verwandten vergoß. Dabei mußte er sich mehrmals wegen seiner Tränen verteidigen. Ob es denn richtig sei, Tränen zu vergießen, fragten ihn seine Gefährten. Manche seiner Antworten sind von bewundernswerter Eindeutigkeit, wie "Das ist die Folge des Erbarmens, die Gott in die Herzen seiner Gläubigen gelegt hat" oder "Es ist Gott selber, der uns Lachen und Weinen läßt"¹⁵. Daß die Gefährten ihn trotzdem immer wieder fragen, liegt am Benehmen der Frauen, die beim Trauern wiederholt auf Muster zurückgreifen, die eindeutig als "Anrufung der ǧāhilīya" ("Zustand der Unwissenheit" = vorislamisches Zeitalter) verstanden werden.[16] Das *Kitāb al-ǧanā'iz* liest sich wie eine Auseinandersetzung zwischen den Tränen des Propheten und den Tränen der Frauen. Dabei geht es stets um das richtige Maß. Dieses Maß wird zwar vom Propheten angedeutet: "Die Augen weinen, und das Herz ist traurig. Wir sagen aber nichts, das dem Herrn unangenehm sein könnte."[17] Aber nie scheint es den Männern zu gelingen, den trauernden Frauen dieses Maß auch aufzuerlegen.[18] So passiert der Prophet eines Tages ein Grab mit einer weinenden Frau. "Fürchte Gott und füge Dich in Dein Schicksal," sagt er. Und sie: "Geh weg! Du bist nicht vom Unglück heimgesucht, so wie ich es bin."[19]

Al-Buḫārīs Versuch, den Tränen einen Platz zuzuweisen, bleibt zwiespältig. Zwar ist seine Position diesbezüglich unverkennbar ("Der Tote wird gestraft für die Klagen, die seine Familie für ihn veranstaltet"[20]), es wird aber auch deutlich, daß die Trauer sich nicht daran halten kann. Zweimal meldet ein Beauftragter dem Propheten: "Ich habe ihnen (den Frauen) verboten zu weinen, aber sie gehorchen mir nicht", und läßt darauf folgen: "Mein Gott, sie sind stärker als ich - oder als wir."[21]

Ibn Zikrī, ein Kommentator al-Buḫārīs, beurteilte die Spannung zwischen religiöser Regel und tatsächlicher Praxis, die auch an anderen Stellen in al-Buḫārīs Werk zu spüren ist, folgendermaßen: "Al-Buḫārī will sagen, man solle sich in allem nach dem ʿurf entscheiden, was nicht Objekt einer positiven Vorschrift, naṣṣ, ist."[22] Für die Totenklage, seit jeher ein fester Bestandteil der arabischen Trauer, war damit der Weg in die Zukunft bestimmt. Bedingt durch eben den Charakter des islamischen Gesetzes ist der juristische Boden, auf dem sie steht, angesiedelt zwischen "besser nicht tun" (*makrūh*) und "erlaubt" (*ǧā'iz*).

Göttliche Offenbarung und irdische Realität

Die Auseinandersetzung zwischen religiöser Norm und Normalität oder zwischen offenbarter und sozialer Realität ist das Hauptthema von Berques Studie über das islamische Recht in den Ländern des Maghreb. Hier hat das Gewohnheitsrecht zwar Rechtsgültigkeit, widerspricht jedoch manchmal auch dem Dogma, ein Status quo, der eine Antwort verlangt: "Was soll man tun, wenn der Brauch, der im Lande Rechtsgültigkeit hat, dem Dogma widerspricht?"[23] Die Antwort auf dieses Dilemma erläutert er an zwei möglichen und häufig miteinander vermischten juristischen Haltungen: Die erste, orthodoxe, versucht, die Gewohnheit mit Regeln zu belegen und in das Gesetz einzubinden, die zweite bezeichnet Berque mit "Augen zu und schlucken"[24]. Das Dilemma, das nach Berque schon in den allerersten Auseinandersetzungen mit dem medinensischen Gewohnheitsrecht seinen Anfang nahm,[25] habe seinen Sitz im Herzen der islamischen Jurisprudenz. Denn diese sei ein Rechtssystem, das seine Autorität einer göttlichen Offenbarung verdankt. Die Folge ist nach Berque eine nicht aufzulösende Widersprüchlichkeit zwischen irdischer Realität und Abstraktion: "Die ganze maghrebinische Rechtsgeschichte ist eine Auseinandersetzung zwischen religiösen Normen und einer kaum zu reduzierenden Realität."[26]

Was jedoch im Herzen angelegt ist, kann dort auch mit einer Lösung rechnen. Der Richter rechtfertigt die Gewohnheit mit *ḍarūra*: "Die Notwendigkeiten erlauben die Verbote", wie das Sprichwort besagt.[27] Dieser Rekurs auf das allgemeine Wohl läßt sich aber nur als exceptio necessitatis, als Ausnahme, definieren, und zwar als eine Ausnahme, die an Ort und Zeit gebunden ist. Ausnahmen können nie den Charakter von Allgemeingültigkeit besitzen, diese besitzt nur das geoffenbarte Gesetz. So bleibt es jeder Generation und jedem Landstrich überlassen, von neuem die Brücke zwischen Dogma und alltäglicher Realität zu schlagen. Damit ist die religiöse Bestimmung der Gruppe gesichert und die Möglichkeit geschaffen, Neues aufzunehmen und Überliefertes zu würdigen.[28]

Im Unterschied zu den auch dem positiven Recht geläufigen Spannungen zwischen Rechtsnormen und empirischer Vielfalt, handelt es sich hier also um einen Widerspruch zwischen transzendenter und immanenter Wirklichkeit. Das islamische Recht ist sich seines Charakters als religiöses Ideal bewußt. Was allerdings die Anwendung der strikten Regel betrifft, genügt manchmal schon ihre theoretische Anerkennung.[29] Um es anders zu sagen: Die Gläubigen eignen sich die Transzendenz an, die im Islam die Form einer Offenbarung erhalten hat, indem sie sie in Regeln übersetzen. Deren tatsächliche Erfüllung jedoch kann in vielen Fällen auch stellvertretend von einem Teil der Gemeinde erbracht werden. Immanenz bedeutet hier, daß man sich die religiösen Pflichten vor allem vergegenwärtigt. Die Kluft zwischen religiöser und profaner Dimension indes läßt sich überbrücken, indem man von Fall zu Fall die notwendigen Ausnahmen definiert. Alle Gläubigen, Männer wie Frauen, kennen die Regeln und achten auf deren Durchführung. Im Umgang mit dem Sterben aber tragen die Frauen zusätzlich die Verantwortung für die sozial unumgehbare Ausnahme, die die Äußerung von Wut und Schmerz angesichts des göttlichen Systems darstellt. Wie der notwendigen Ausnahme mit unterschiedlichen Haltungen begegnet werden kann, zeigt uns der Werdegang der türkischen Totenklage.

Die türkische Totenklage (*ağıt*)

Die Totenklage wird in einer türkischen Gemeinschaft meistens von Frauen durchgeführt. Daß dies nicht immer so gewesen ist, verweist auf den nichtislamischen Ursprung der Turkvölker und prägt ihre gesellschaftliche Bedeutung bis heute. Der Bagdader Reisende Ibn Faḍlān, der im 10. Jahrhundert die neu zum Islam konvertierten Turkvölker besuchte, beschreibt, wie die Männer sich am Tag des Todes im Zelt des Verstorbenen einfanden, um dort "in einer abscheulichen und wilden Weise zu schreien und zu weinen"[30]. Die Analysen von Texten der Turkvölker aus fünf Jahrhunderten, die Jean Roux vorlegte, bestätigen dies.[31] Nach Roux trauerten die Frauen direkt nach dem Eintritt des Todes, während die Männer erst während des Begräbnisses in Erscheinung traten. Dort übten sie *ulumak* ("für die Wölfe heulen") und *sıkılmak* ("blutig weinen"). Dabei wurde das Gesicht mit Messern bearbeitet, damit Blut und Tränen zusammenflossen. Diese kollektiven Äußerungen des Schmerzes um den Verlust endeten in der *ağıt*, der eigentlichen Totenklage, eine Eulogie auf den Verstorbenen, die sowohl von Männern als auch von Frauen verfaßt werden konnte und nicht selten hinterher auf eine Stele geschrieben wurde.

Am Ende des 19. Jahrhunderts jedoch gehörte die *ağıt* zum ausschließlichen Aufgabenbereich der Frauen der herrschenden städtischen Eliten, der Osmanlı. In den ethnographischen Beobachtungen von Lucy Garnett, die sie 1890 zusammenstellte, wird zum ersten Mal auch die Spannung zwischen den religiösen Pflichten des sunnitischen Islam und der traditionellen *ağıt* angesprochen.[32] Die Frauen, die Garnett beschreibt, haben die kollektive Aufgabe des Klagens und Weinens gänzlich übernommen, eine Aufgabe, die jetzt vor dem Begräbnis im Bereich des osmanischen Hauses und nach dem Begräbnis am Grabrand ausgeführt wird. Männer tragen stellvertretend für die Frauen die Pflicht des Zugrabetragens, die Totengebet und Begräbnis umfaßt. Nach drei Tagen geht die erste kollektive Trauerphase zu Ende. Frauen sollten gemäß dem Islam bei diesen Handlungen nicht zugegen sein. Danach statten Männer und Frauen einander Besuche ab und reden ruhig und beherzt über den Toten.

Die Geschichte der Trauer in der Türkei muß noch geschrieben werden, daher können hier nur einige Hinweise gegeben werden: Irgendwo in der Geschichte des Osmanischen Reiches muß eine Trennung der Aufgabenbereiche zwischen den Geschlechtern stattgefunden haben, die zugleich eine Trennung von Männern und Frauen mit sich brachte. Die Verschiebung von außen (Feld, Zelt) nach innen (osmanisches Haus) deutet lediglich auf einer Verschiebung der öffentlichen Räume. In dieser Trennung ist vielleicht der Versuch zu sehen, einerseits die kulturelle Kompetenz, die der Trauer ein Sprachrohr bietet und soziale Neuordnung erst erlaubt, anderseits die emotionale Zurückhaltung angesichts des Todes, die der sunnitische Islam den Trauernden auferlegt, nebeneinander bestehen zu lassen und sogar miteinander zu versöhnen.

Heutzutage gibt es in der Türkei vier Augenblicke, in denen die Totenklage in der Öffentlichkeit verfaßt und weiterentwickelt wird: unmittelbar nach dem Tod, bei der Aufbahrung zu Hause, beim Hinaustragen zum Friedhof und bei

Erinnerungsanlässen wie dem dritten, dem siebten, dem vierzigsten und dem Jahrestag. Es sind vor allem die ländlichen Gemeinschaften, die die Klage als kulturelle Praxis aufbewahrt haben.

Eine Klage kommt wie folgt zustande: Eine Frau wird, unmittelbar nachdem die Todesnachricht eingetroffen ist, anfangen, ein Lied zu machen. Sie wird dabei, so wie es in der mündlichen Dichtung gebräuchlich ist,[33] feste Phrasen und Wendungen, die ihr aus anderen *ağıts* bekannt sind, mit neuen Sätzen kombinieren, die ihr spontan einfallen, und nach und nach, der Prozess kann Tage und Wochen dauern, zu einer gänzlich neuen Dichtung zusammenbinden. Sie wird ein einfaches Reimschema nehmen, zum Beispiel drei Zeilen und einen Refrain mit meistens acht Silben in der Zeile, wie im folgenden Lied[34]:

Schlafe, mein Ibrahim, schlafe	Nenni, Ibrahim, nenni:
Was liegst du nun so voller Trotz?	Ne yatıkon kinni, kinni?
Mein Löwensohn, er kam daher	Aslan oğlum o da gelmiş
Aß ganz lebendig noch sein Brot!	Ekmek yemiş ala kanlı!

Ist der Anfang erst gemacht, entwickelt sich im Laufe von Stunden die ganze Geschichte, die zuerst von den Umständen der Krankheit erzählt,

Zwei Kissen unter seinem Kopf	Baş ucunda çifte yastık
Dem Schicksal grollten wir	Bizde ya feleğe küstük
Mit allem sollt' ich fertig werden	Ben bunları hallediyim
Er bleibt nicht still, er weint!	Durmayıp ağlıyor mistik

und schließlich in poetischen Worten die unfaßliche Tatsache des Todes:

Der Glücksvogel flog, er setzte sich nicht nieder	Uçtu devlet kuşu konmaz
Mein Schäfchen schlief und wachte nicht mehr auf	Kuzum uyumuş uyanmaz
Mit wem soll ich denn sprechen?	Hangi birine ne deyim?
Es weint Hacı Fabi[35], er findet keinen Trost	Hacı Fabi ağlar avunmaz.

Auch der Trauer und Wut der Sängerin wird ein Platz eingeräumt und ihre emotionale wie ökonomische Abhängigkeit von dem Verstorbenen freimütig benannt: [36]

Ich weine wie verrückt verrückt	ben ağlarım deli deli
Ich weine wie verrückt verrückt	ben ağlarım deli deli
Verirrt habe ich mich auf dem Weg, den ich ging	şaşırdım gittiğim yolu
Verirrt habe ich mich auf dem Weg, den ich ging	şaşırdım gittiğim yolu

Ich gehe um sein Grab herum	mezarlığı dolanırım
Erde und Gras machen mich schmutzig	Çere çöpe belenirim
Wenn's nötig ist, ach Du mein Sohn	Eğer gerekise oğlum
So bind' ich eine Tasche um,	Torba takar dilenirim
Um betteln zu gehen.	

Diese Lieder entstehen nie in einem Vakuum. Die Familie und die Nachbarn fungieren als Publikum, und es entsteht nicht selten eine Wechselwirkung zwischen den verschiedenen Sängerinnen und den Zuhörern. Durch diese soziale Situation bedingt, kann das Lied eine Länge von 50 oder mehr Strophen erreichen. Die Melodie ist meistens eine Variation einer lokalen Trauermelodie und der eines Wiegenliedes nicht unähnlich. Die Sängerin wird leise und mit gepreßter Kopfstimme singen, was in der türkischen Musiktradition als besonders schön und bewegend gilt. Ein schönes Lied prägt sich ein, die Nachbarn wiederholen es, Musikologen machen Aufnahmen, und so passiert es manchmal, daß es im Liedrepertoire eines Volkssängers (âşık) erscheint oder in Originalaufnahme im Radio zu hören ist, wie das Lied am Anfang dieses Aufsatzes.

In der Türkei hat sich - einmalig in der islamischen Welt - die Trauerklage neben dem alltäglichen Gebrauch, den man von ihr macht, als Kunstgenre weiterentwickelt. Für die Sufi-Heiligen der Vergangenheit wie Pir Sultan Abdal werden von den (überwiegend männlichen) âşıks mystisch gefärbte Totenklagen verfaßt, die im Gottesdienst der Aleviten, aber auch darüberhinaus in der Öffentlichkeit eine Rolle spielen.[37] In einem schönen Lied von dem âşık Mahsuni werden beide Elemente, private Trauer und mystisches Verstehen, Wiegelied und Ballade, schließlich auf unnachahmliche Weise vereint.[38]

Des Lebens Winter senkt sich auf mein Haupt	Uğradı başıma hayatın kışı
In diesem Jahr liegt ein verborg'ner Sinn	Bu senede bir hikmet var,
drum schlafe, schlafe	nenni, nenni
Komm Kind und quäl' mich nicht durch vieles Weinen	Gel yavru ağlayıp ağlayıp üzme
Dein Weinen macht mein Herz so schwer	Bu ağlaman içerime kor beni,
drum schlafe, schlafe	nenni, nenni
(...)	
Ich bin Mahsuni Serif, ich möchte Laute spielen	Mahsuni Şerifim çalam sazımı
Wer schrieb auf meine Stirn die schwarze Schrift?	Kim yazmış alnıma kara yazımı
Ein Grab kann ich nicht finden,	Mezar bulup
das Lämmchen zu begraben	gömmemiyom kuzumu
Ich hab' erkannt, daß schwer das Leben für uns ist	Anladınkı hayat bize zor,
drum schlafe, schlafe.	nenni, nenni.

Trauer in der Migration am Beispiel von Berlin

Ländliche Gemeinschaften, die durch Kettenmigration in den siebziger Jahren in deutsche Großstädte kamen, haben auch diese Praxis der Klage mit nach Deutschland genommen. Die Umstände der Migration schließen jedoch verschiedene wichtige Momente aus, in denen Teile der Klage hätten entwickelt werden können. Die Aufbahrung zuhause und das Hinaustragen zum Friedhof existieren zum Beispiel im Alltag in Deutschland kaum noch. Noch erschwerender ist, daß die meisten Migranten im Krankenhaus sterben und gleich darauf in das Heimatland transportiert werden, um dort begraben zu werden. So wird die Klage, und damit die Möglichkeit des gemeinsamen Trauerns, auf einige wenige Momente beschränkt, die sich dazu noch im strikt privaten Bereich abspielen. Was bleibt, sind der Augenblick, in dem die Todesnachricht zu Hause eintrifft, sowie die Erinnerungstage. Diese beiden Augenblicke bedingen ein Trauern ohne direkten Kontakt mit dem Toten, ohne Aufbahrung, ohne Begräbnis und ohne Grab.

Es gibt Ausnahmen. Mir sind in meinen Interviews verschiedene Geschichten erzählt worden von Totenklagen, die trotz der widrigen Umstände in Berliner Krankenhäusern begonnen wurden.[39] Auch sollen türkische Krankenschwestern gelegentlich, wenn der Tote allein gestorben ist und niemand da war, um ihn zu begleiten, spontan eine leise Totenklage am Totenbett gesungen haben.[40] Die Beispiele zeigen ein kulturelles Selbstverständnis, das der Trauer einen öffentlichen Platz einräumt und sich von dem in Deutschland bestimmenden städtischen Selbstverständnis, den Tod so weit wie möglich aus dem öffentlichen Leben zu bannen, nicht beirren läßt.

Wenn der Tote vor Ort begraben wird, was in den wenigsten Fällen geschieht, bieten die Umstände der Migration eine neuerliche Situation, die die öffentlich ausgetragene Trauer zuläßt. Der in Deutschland begrabene Muslim wird nicht, wie in der Türkei, erst zu Hause rituell gewaschen und aufgebahrt, dann vor oder in der Moschee von Sünden freigesprochen und verabschiedet, um dann von allen gemeinsam zum Friedhof getragen zu werden. Dieser Ablauf begünstigt viele Momente, da die öffentlich ausgetragene Trauer mit Liedern untermalt werden kann. In Berlin dagegen holt ein Bestattungsunternehmen den Toten aus dem Krankenhaus ab, um ihn direkt auf den Friedhof zu transportieren. Dort wird der Tote erst am Morgen, unmittelbar vor dem Begräbnis, rituell gewaschen und anschließend aufgebahrt. Nach der rituellen Waschung werden nämlich für kurze Zeit die Leichentücher zurückgeschlagen, und das Gesicht des Toten ist zum ersten und letzten Mal sichtbar.[41]

Diese Aufbahrung bildet die einzige Möglichkeit, um dem bis jetzt hinausgeschobenen Abschied öffentlich Gestalt zu geben. Aus diesem Grunde sind auf den deutschen Friedhöfen Frauen häufiger zugegen, als das in der Türkei erlaubt ist. Diesem bedeutungsvollen Moment wird mit einer ganzen Skala von

Haltungen begegnet. Nur die beiden, die einen Gegenpol bilden, sollen hier kurze Erwähnung finden. In der Praxis jedoch trifft man eher auf Haltungen, die sich irgendwo zwischen diesen beiden Gegenpolen befinden. Welche Form aber gewählt wird, alle haben sie gemeinsam, daß die Akteure stellvertretend für alle Anwesenden die Trauer bekunden und die Rollen ausschließlich von Frauen besetzt werden.

Die erste Haltung ist von der religiösen Pflicht der Zurückhaltung geprägt. Die Frauen werden als erste hineingehen, den Toten kurz anschauen, ein Gebet sprechen um sich dann würdig, wenn möglich ohne Tränen, zurückziehen. Danach werden die Männer kommen, den Sarg zuschrauben, das Totengebet sprechen und den Toten beerdigen. Gläubige, die von sich sagen, auf dem Fundament des Glaubens zu stehen, sich nur auf den Koran berufen möchten und jegliche Tradition als "unislamisch" von sich weisen, bevorzugen diese Haltung.

Die zweite Haltung bekundet die offene Trauer, die in einem kollektiven Ritual zur Schau getragen wird. Die Frauen, die oft schon im Warteraum angefangen haben, leise vor sich hin zu singen, begeben sich fest untergehakt, manchmal unterstützt von ihren Männern, unter Singen und Klagen zur Bahre. Dort werden sie sich dicht um den Leichnam drängen, ihn anrühren und küssen, in Schreie ausbrechen und in einem Zustand, der sich der Trance nähert, mit monotonen Sangstimmen den Toten rufen, von seinem Leben erzählen, Details des Sterbens wiederholen, sich beklagen und die Trauer kundtun. Während dieses Ausbruchs stehen die Männer im Hintergrund und weinen hemmungslos. Nach einer relativ kurzen Zeit aber bricht das Ritual plötzlich ab, die Frauen treten in den Hintergrund, die Männer schrauben den Sarg zu, sprechen das Totengebet und bringen den Sarg anschließend zum Grab, um ihn dort in die Erde zu lassen. Diese Haltung wird von denjenigen, die nach dem traditionellen Verständnis des Islam leben, oder von ländlich geprägten Gruppen aus dem Balkan bevorzugt.

Beide Haltungen stellen eine Umwandlung der Trauer dar, bedingt durch die Umstände der Migration. In beiden wird mit der kurzen Zeit gewirtschaftet, die den Trauernden zur Verfügung steht, um die Trauer öffentlich kundzutun. In beiden haben Frauen, entgegen der islamischen Tradition, eine öffentliche Rolle auf dem Friedhof übernommen. Es sind beides Übertreibungen, um die Essenz des Trauerrituals hervorheben. Diese jedoch wird von den verschiedenen muslimischen Gruppen unterschiedlich wahrgenommen.

Die erste ritualisiert die Würde und Zurückhaltung, die der Islam den Gläubigen auferlegt, hält sich damit an das göttliche Gebot und vermeidet jegliche Ausnahme. Die Strenggläubigen in dieser Gruppe erkennen die Formulierung einer Ausnahme aufgrund sozialer Notwendigkeit erst gar nicht an. Traditionelle Gebräuche, zu denen auch so manche Erzählungen vom Propheten und seinen Gefährten gerechnet werden, werden als "unislamisch" abgetan.

Die Folge ist eine Annäherung im religiösen Verhalten von Frauen und Männern. Sie bedeutet für Frauen eine Erhöhung des Status und damit einhergehender sozialer Anerkennung.[42]

Die zweite Gruppe ritualisiert die Fassungslosigkeit, die der Tod eines Geliebten mit sich bringt. Die Bedingung der zusammengedrängten Zeit hat dafür gesorgt, daß dies in geballter Form geschieht. Die Totenklage, die sonst in aller Ruhe und mit Hilfe eines andächtigen Publikums ausgesponnen wurde, findet sich hier nur ansatzweise wieder. Wut, Trauer und Schmerz gipfeln nicht selten in Trance. Dursun Tan deckt in einer einmalig dichten Beschreibung eines alewitischen Trauerfalls in Hannover die andere, der Öffentlichkeit verborgen bleibende Seite auf. Der Text erzählt von der Zerrissenheit der familialen Bande, wodurch Hierarchien ("wer entscheidet was") sich immer wieder mühsam einstellen, und von der Unfähigkeit zu trauern, ohne Leichnam in einem fremden Land. Zwar bleiben Tans Beschreibung und das hier besprochene Trauerverhalten in gewisser Weise kontingent, doch ergänzen sie sich in der Mühe und Not, die es kostet, ohne die vertrauten Anhaltspunkte und in einer fremden Umgebung der Trauer Gestalt zu verleihen.[43]

Interkonfessionelle Abgrenzungen in der Migration

Der Friedhof ist ein öffentlicher Ort. Es begegnen sich dort Muslime, die unterschiedliche Auffassungen vom Islam, insbesondere von der Rolle der islamischen Tradition, haben und versuchen, danach zu handeln. Es kommt daher nicht selten vor, daß der für das Begräbnis verantwortliche Imam und der Bestattungsunternehmer einer Meinung sind und die Trauernden eine entgegengesetzte Auffassung darüber haben, was richtig ist und dementsprechend zu tun sei. Das führt gelegentlich zu Reibungen. Vielleicht durch diesen Umstand bedingt, hatten die Imame der verschiedenen sunnitischen Moscheenvereine in Berlin, auf die Frage angesprochen, wie sie die Totenklage bewerten, eine ausgesprochen deutliche Meinung hierzu. Nach ihrer Aussage gehörte die Totenklage in der Türkei selbstverständlich zur Tradition (türkisch: *örf-adet*) und zog kaum religiöse Überlegungen nach sich. In der Migration ist das jetzt anders: Anhand der Interviews, die ich im letzten Jahr mit den religiösen Führern und Vorstehern der drei sunnitischen Gemeinden machte, werde ich kurz ihre verschiedenen Reaktionen erläutern.[44]

So sagte der Imam von den traditionalistisch eingestellten Kulturzentren:

> "*Ağıt* ist *örf adet*. Man soll weinen, aber nicht bis zur Grenze der Selbstzerstörung. Ağlamat soll man nur dezent machen, sowohl zu Hause als auch in der Öffentlichkeit. Dies sind Mohammeds eigene Worte. Er hat

uns gesagt, daß wir es nicht wie die Christen und Juden machen sollten, also: keine extremen Emotionen."

Der Imam von der türkischen Staatsorganisation DİTİB, die laizistisch ausgerichtet ist, meinte dazu:

> Es hängt davon ab, für wen es ist und wie es gemacht wird. Wenn der Tote ein kleines Kind ist oder bei einem Unglück umgekommen ist, darf *ağıt* gemacht werden. Es dürfen aber keine Wendungen aufgenommen werden, die Gott beleidigen könnten, wie z.B. warum hat Gott mir das angetan oder warum mein Kind, warum nicht der-und-der. Anklagen sind nicht gestattet."

Der Vorsitzende der Föderation läßt hier nur den Koran gelten:

> "Es ist verboten im Koran, wenn Frauen sich in Hysterie steigern; deswegen sollten sie auch nicht bei dem Begräbnis dabei sein. In unserer Gemeinde verbieten wir solche Praktiken. Zu lautes Weinen würde bedeuten, daß man sich nicht mit Gottes Willen einverstanden zeigt."

Und der Imam der Föderation schließlich meinte:

> "Das ist alles *örf adet*. Den Toten wird es nicht mehr helfen, es kann also weggelassen werden. Das alles ist nur für den Lebenden, eine religiöse Angelegenheit ist es nicht... Aber die Leute hören nicht hin, die machen, was sie wollen. Niemand weiß richtig etwas von Religion. Das ist alles *örf*, aber sie denken, daß es so richtig ist."

Diese unterschiedlichen Antworten kennzeichnen die drei verschiedenenen konfessionellen Ausprägungen des Islam in der Diaspora, die im Begriff sind zu entstehen. Alle drei haben sie ihren Ausgangspunkt in demselben religiösen Gesetz und derselben hanifitischen Rechtsschule. Jedoch kombiniert jede von ihnen diesen Ausgangspunkt mit einer anderen Weltsicht, die einen jeweils anderen Rückgriff auf die religiöse Tradition mit sich bringt. Traditionalisten, Laizisten und Fundamentalisten sind gleichermaßen konfrontiert mit den Ambivalenzen einer Übergangssituation. Die Notwendigkeit, der dadurch entstehenden Unsicherheit mit einer klaren religiösen Antwort zu begegnen, ergibt sich für jeden von ihnen.

In den Antworten wurde unterschiedlich auf die islamische Tradition Rekurs genommen. Die religiösen Führer von DİTİB und den Kulturzentren verwiesen auf die Tradition: Weinen ja, aber mit einer gewissen Einschränkung, die für beide die Totenklage ganz selbstverständlich mit einschließt. Der Imam von den Kulturzentren würdigte dabei in ungleich höherem Maße die Tradition sowie die Möglichkeit der selbständigen Entscheidung (*içtihat*). Damit hat er sich ein Instrument zurechtgelegt, um der sozialen Notwendigkeit ins Auge zu sehen und von Fall zu Fall darüber zu entscheiden, ob und wie Neues aufgenommen werden sollte und wie das Alte zu würdigen sei. Sein Kollege von DİTİB, der als türkischer Staatsbeamter für eine eingeschränkte Periode ins Ausland entsendet wird, übt diese im Gesetz angelegte Entscheidungsfreiheit nur im beschränken Maße aus.

Was dem einen jedoch eine glückliche Lösung scheint, ist dem anderen ein Schatten auf dem Paradies. Der Vorsitzende der Föderation setzte sich im Gegensatz zu seinen Kollegen bei DİTİB und den Kulturzentren über die Tradition hinweg und griff stattdessen ein Wort aus der Offenbarung auf. Zwar steht im Koran nichts, was eine direkte Aussage zum Thema Trauer erlauben würde. Der Rückgriff auf die Hysteriepassage gestattet jedoch, an die Regel der Zurückhaltung anzuschließen. Die sehr erhellende Antwort seines Imams schließlich zeigt, daß für ihn nur die Offenbarung gilt und daher ausschließlich das göttliche Gesetz Anwendung finden soll: Die Muslime sind irregeleitet (und müssen rechtgeleitet werden); eine Brücke zwischen Dogma und Realität kennt er nicht. Die Möglichkeit der exceptio necessitatis, der Ausnahme, die in der Geschichte des islamischen Rechts durch soziale Notwendigkeit gerechtfertigt wurde, findet im rein religiösen Weltbild der Föderation keinen Platz.

Am Ende seines Buches bleibt Jacques Berque einen Augenblick bei dem Charakter der Religion stehen, die dieses Rechtssystem, das im Grunde genommen ein religiöses System ist, geschaffen hat. Ihm zufolge beruht der Islam auf Eudemonismus, nämlich dem theologisch-moralisch fundierten Glauben an die grundsätzliche Güte der muslimischen Gemeinschaft: Die Realität ist gut, sie hat nur die strenge Selektion des Verbotenen (*haram*) zu passieren. Dies wiederum stellt lediglich eine mechanische, weil schon vorgegebene, Auswahl dar. Ist diese Barriere einmal genommen, kann alles Weitere seinen Lauf nehmen. Es ist dann also die Aufgabe des Rechts, die an sich gute Gemeinschaft der Muslime gegen Böses zu schützen und all das zu eliminieren, was anhand der göttlichen Vorschriften als negativ eingestuft werden muß.[45]

Es gibt sie aber, die Fakten des Lebens, die es wagen, diesem Idealzustand zu widersprechen, die sich unaufhaltsam in den Vordergrund drängen und eine Antwort verlangen. Trauer ist solch eine Tatsache. Für sie, wie für die anderen unaufschiebbaren Realitäten, ist die Ausnahmeregelung gedacht. In den Entscheidungen der Föderation, die oben erwähnt wurden, finden ihr nicht-zwingender Charakter und ihre fakultative Anwendung ein schönes Beispiel. Es ist jedoch zumeist üblich, daß in dem Moment, in dem die Fakten des Lebens sich gegen das religiöse Ideal stellen, die Frauen als handelnde Personen nach vorne geschoben und verantwortlich gemacht werden. Berques Frage, was man denn tun solle, wenn der Brauch dem Dogma widerspricht, hat hier eine von ihm nicht erwähnte Lösung erhalten.

Nun ist in der Trennung der Geschlechter nach Aufgabenbereichen vielleicht auch der Versuch zu sehen, das Entweder-Oder zwischen den faktischen Anforderungen des Lebens und den Anforderungen des religiösen Ideals abzuschwächen. Die kulturelle Fähigkeit der Totenklage besteht dann neben der Kanalisierung und Gestaltung von Emotionen darin, das Entweder-Oder miteinander zu versöhnen. Lila Abu Lughod weist daraufhin, daß der Ausdruck von Glauben und Frömmigkeit nicht das Monopol von Männern ist, und Nadia Abu Zahra merkt dazu an, daß in der praktischen Ausführung der göttlichen Vorschriften sich die sozialen und religiösen Dimensionen immer wieder vermischen.[46] Die unterschiedliche Bewertung von göttlicher Vorschrift und irdischer Realität ergibt sich dabei zwangsläufig aus einem Glauben, der ewiges Recht über vergängliche Realität stellt.

Anmerkungen

1. Ich danke dem Förderprogramm Frauenforschung in Berlin, das mir mit einem zweijährigen Stipendium diese Untersuchung ermöglichte.
2. Die Aufnahme vom Radioarchiv Istanbul umfaßt fünf Strophen. Mit Dank an Herrn Thorsten Blach, München, für die freundliche Zusendung.
3. Jan van Gennep, Les Rites de passage. Etude systématique des rites, Paris 1909, dt. Übergangsriten, Frankfurt/Main-New York 1986.
4. Ignaz Goldziher, Über die Todtenverehrung im Heidenthum und im Islam. In: Ders., Muhammedanische Studien, Bd. 1, Halle 1889, S. 229ff.; ders., Bemerkungen zur arabischen Trauerpoesie. In: Wiener Zeitschrift für die Kunde des Morgenlandes 16 (1902); Theodor Nöldeke, Alchansa. In: Beiträge zur Kenntnis der Poesie der alten Araber, Hildesheim 1967, S. 152ff. Ewald Wagner, Trauergedichte. In: Ders., Grundzüge der klassischen arabischen Dichtung. Bd. 1, Darmstadt 1987, S. 116ff.; marthiya. In: The Encyclopaedia of Islam, Bd. 6, Leiden 1991, S. 602-613.
5. Ali Jihad Racy, Laments of the Lebanon, Ethnic Folkways Library, Washington 1985, E 4046; ders., Lebanese Laments: Grief, Music, and Cultural Values. In: The World of Music 28 (1986) 2, S. 27-40; Kurt Reinhard, Gestalten südtürkischer Totenklagen. In: Gedenkschrift Kurt Reinhard, Stuttgart 1984, S. 101-113; Ursula Reinhard, The Veils are Lifted. Music of Turkish Women. In: Marcia Herndon/Susanne Ziegler (Hg.), Music, Gender, and Culture, Wilhelmshaven 1990, S. 101- 115.
6. Ibrahim M. Abu-Hashhash, Tod und Trauer in der Poesie des Palästinensers Mahmud Darwish, Diss., Freie Universität Berlin 1993.
7. Muhammad Galal, Essai d'observations sur les rites funeraires en Egypte actuelle. In: Revue des études islamiques, Paris 11 (1937), S. 131-217; Sayed Al-Aswad, Death Rituals in Rural Egyptian Society: A Symbolic Study. In: Urban Anthropology and Studies of Cultural Systems and World Economic Development, Brockport 16 (1987), S. 205-241; Nadia Abu-Zahra, The Comparative Study of Muslim Societies and Islamic Rituals. In: Arab Historical Review for Ottoman Studies, Zagwan 3 (1991) 4, S. 7-38; Lila Abu-Lughod, Islam and the Gendered Discourses of Death. In: International

Journal of Middle East Studies, Cambridge 25 (1993), S. 187-205; Lucy Garnett, The Women of Turkey and their Folklore, Bd. 1-3, London 1890; Sedat Veyis Örnek, Anadolu Folklorında Ölüm, Ankara 1971; Nancy Tapper/Richard Tap-per, The Birth of the Prophet: Ritual and Gender in Turkish Islam. In: Man, London 22 (1987), S. 69-92; Kurt Reinhard, a.a.O.; Ursula Reinhard, a.a.O.

8 Jonathan Parry/Maurice Bloch (Hg.), Death and the Regeneration of Life, Cambridge 1982.

9 Jacques Berque, Essai sur la méthode juridique Maghrébine, Rabat 1944; vgl. Joseph Schacht, An Introduction to Islamic Law, Oxford 1966; sharī'a. In: Enzyklopaedie des Islam. Bd 4, Leiden-Leipzig 1934, S. 344-349; fikh. In: The Encyclopaedia of Islam. Bd. 2, Leiden 1991, S. 886-891; idjtihād. In: ebenda, Bd. 3, Leiden 1996, S. 1026f.; uṣūl. In: Enzyklopaedie des Islam. Bd. 4, a.a.O., S. 1142-1146; djināza. In: The Encyclopaedia of Islam. Bd. 2, a.a.O., S. 441-442.

10 Tapper/Tapper, a.a.O.; Abu-Zahra, a.a.O.; Abu-Lughod, a.a.O.; vgl. auch Ladislav Holy, Gender and Ritual in an Islamic Society: The Berti of Darfur. In: Man 23 (1988), S. 469-489.

11 Abu-Lughod, a.a.O., S.188; Abu-Zahra, a.a.O., S. 28.

12 Holy, a.a.O.; Tapper/Tapper, a.a.O.

13 Abu-Lughod, a.a.O., S. 201-203.

14 El-Bokhâri, Les Traditions islamiques, Hg. Octave Houdas/William Marçais. Bd. 2, Paris 1903, S. 401-452; vgl. Irene Grütter, Arabische Bestattungsgebräuche in frühislamischer Zeit. In: Der Islam, Berlin 31 (1954), S. 147-174; dies., Arabische Bestattungsgebräuche in frühislamischer Zeit. In: ebenda, 32 (1957), S. 168-194; ḥadīth. In: The Encyclopaedia of Islam. Bd. 2, Leiden 1991, S. 200-206.

15 al-Buḫārī, a.a.O., S. 415f.

16 al-Buḫārī, a.a.O., S. 418f.

17 al-Buḫārī, a.a.O., S. 421.

18 al-Buḫārī, a.a.O., S. 420 u. 422.

19 al-Buḫārī, a.a.O., S. 414. Natürlich konnte al-Buḫārī diese Überlieferung nicht so auf sich beruhen lassen. Die Geschichte endet damit, daß die Frau zum Propheten geht und sich entschuldigt.

20 al-Buḫārī, a.a.O., S. 416f; nach Grütter, a.a.O., S. 159, eine "Tendenzüberlieferung".

21 al-Buḫārī, a.a.O., S. 420 u. 422.

22 "Al-Bukhari veut dire qu'on doit se décider d'après l' 'orf en tout ce qui n'a pas fait l'objet d'un précepte positif, nass. Se fondent sur l' 'orf les sentences du fiqh. On aura recours à lui tant qu'il ne contredit pas un principe du shar'ia expressement énoncé". Berque, a.a.O., S. 45.

23 "Que faire lorsque l'usage, ayant dans le pays force de loi, contredit le dogme et loin de s'affaiblir avec le temps, affirme au contraire de plus en plus une originalité irréductible?". Berque, a.a.O., S. 33.

24 "L'une, orthodoxe, consciente. L'autre, qui consiste, si j'ose dire, à avaler en fermant les yeux". Berque, a.a.O., S. 33.

25 Vgl. Berque, a.a.O., S. 80 (mit einem Hinweis auf Ibn Ḥaldūn). So auch Schacht, a.a.O., S. 61 und 209.

26 "Toute l'histoire du droit maghrébin est celle d'un débat notre des normes religieuses et un concret peu réductible." Berque, a.a.O., S. 52.

27 "al-Ḍarūrāt tubīh al-maḥẓūrāt." Berque, a.a.O., S. 34.

28 Berque, a.a.O., S. 84-90. Vgl. auch seine Diskussion der Rolle des *iğtihād*, S. 79-88. Schacht, a.a.O., S. 199-211, schätzt diese von Berque hervorgehobene Anpassungsfähigkeit des islamischen Rechts sehr viel niedriger ein; vgl. insbesondere S. 204.
29 Schacht, a.a.O., S. 199 und S. 206: farḍ kifāyā.
30 Ahmed Zeki Velidi Togan, Ibn Fadlan's Reisebericht, Leipzig 1939, S. 78-80.
31 Jean Roux, La Religion des Turcs et des Mongols, Paris 1984, S. 269-271.
32 Garnett, Bd. 1, a.a.O., S. 490-497.
33 Albert Lord, The Singer of Tales, Harvard 1960, S. 30-67.
34 Gesungen von Elif Etkocak (36 Jahre) für ihr totes Kind, Adana 1955. Aufnahme Reinhard Nr. 161 in: Kurt Reinhard, a.a.O.
35 Hacı Fabi ist ein Sufi-Heiliger.
36 Das Lied besteht aus mindestens 13 Strophen, gesungen von Halime Akyol (68 Jahre) für ihren in Deutschland umgekommenen Sohn, Adana 1972. Aufnahme in: Kurt Reinhard, a.a.O.; Musikaufnahme in: Musik aus der Türkei 1, Museum Collection Berlin/W B5.
37 Ein schönes Beispiel findet sich in: Ursula Reinhard/Tiago de Olivera Da Pinto, Sänger und Poeten mit der Laute. Türkische aşık und ozan, Museum für Völkerkunde, Berlin 1990, Aufnahme 3, Text auf S. 19-20. Das Lied wird von einer weiblichen *âşık*, der in Berlin lebenden Şahturna, vorgetragen.
38 Reinhard/Da Pinto, a.a.O., S. 199-200.
39 Frau Ursula Reinhard, Berlin, Telefongespräch am 18.8.1993. Frau Zeynep Akyol, Berlin, Interview im Februar 1993.
40 Interview mit Herrn Kaya, Berlin, am 11.11.1994.
41 Die folgenden Informationen beruhen auf einer teilnehmenden Beobachtung, die ich im Zeitraum von Januar bis Juli 1995 auf den beiden islamischen Begräbnisstätten in Berlin durchführte. Ich danke Herrn Şahin, Leiter des Begräbnisunternehmens Vatan (Berlin), für seine Freundlichkeit und Bereitwilligkeit, mich immer wieder mit Hintergrundinformationen zu versorgen.
42 Auf die Möglichkeit, daß Frauen sich gerade im Umgang mit der fundamentalistischen Anschauungsweise emanzipieren, wies schon Werner Schiffauer hin. Vgl. Werner Schiffauer, Die Migranten aus Subay. Türken in Deutschland: eine Ethnographie, Stuttgart 1991, S. 196-263.
43 Dursun Tan, Sterben in der Fremde. Sterben, Tod und Trauer unter Migrationsbedingungen am Beispiel einer Einwanderungsminderheit in Deutschland, Diss., Hannover 1995, S. 249-314. Vgl. auch seinen Beitrag in diesem Band.
44 Die Interviews wurden im Zeitraum von Mai bis September 1995 durchgeführt. Ich danke Imam Alkan (Kulturzentren), Herrn Özbudak und dem Imam vom Columbiadamm (DİTİB) und den Herren Schülzke, Fidancı und Imam Dural (Föderation) für die Bereitschaft und das Vertrauen, mit denen sie ihre Vorstellungen mitteilten. Vgl. ausführlicher dazu: Gerdien Jonker, The Knife's Edge. Muslim Burial in the Diaspora. In: Mortality, Cambridge, Mass. 1 (1996), S. 27-43.
45 Berque, a.a.O., S. 91-92.
46 Abu Lughod, a.a.O., S. 203; Abu Zahra, a.a.O., S. 7.

Der Status des Todes in der Migration

Yassine Chaïb

Der Tod ist für den Migranten ein Anlaß, seine Familiengeschichte wieder zu entdecken, die Möglichkeit, eine Biographie auftauchen zu lassen und sich anzueignen. Ist der Migrant Muslim, entsteht mit dem Tod die Sehnsucht, den biographischen Weg zu verarbeiten bzw. zu verleugnen. Damit wird erträglich gemacht, was aus ihm geworden ist; was aus ihm hätte werden können, wird so abgeschwächt.

Die Überführung des Leichnams in die Heimat läßt die Familie oder die Gruppe Bilder vom Leben des Toten entwerfen. Unter soziologischem Aspekt zeigt sich hier in "methodologischer Klarheit" ein sonst schwer zu erfassendes Phänomen.

Für den Migranten gibt es keine enge Verbindung zwischen dem Raum der Lebenden und dem der Toten. Fern der Familie zu sterben heißt, den Frieden der Familie aufs Spiel zu setzen. Das soziale Band zwischen diesen beiden Räumen ist nicht nur religiöser Art; es besteht auch aus einer Verknüpfung mit der Erde der Vorfahren, aus einer Wiederentdeckung der Landschaft der Kindheit als dem natürlichsten Ort, begraben zu werden.

Zugehörigkeit glaubhaft zu machen oder die Unmöglichkeit, Migration und Integration zu verbinden, klären sich an einer anekdotischen Frage, nämlich der nach dem Schicksal der Totgeburten unter den Bedingungen der Migration. Hier liegt ein Kernproblem der herrschenden Auffassung von Integration. Die Wahl des Ortes entscheidet über die Zugehörigkeit: Entweder werden die Resultate der Zeugung im Heimatland bestattet oder auf einem Friedhof am Ort beigesetzt.

Will man einen Ort Grabstätte nennen, dann spielt der Leichnam eine entscheidende Rolle; er ist es, der Anwesenheit und Abwesenheit veranschaulicht. Es ist dieser physische Aspekt, der die Wahl des Bestattungsortes bestimmt. Die biographische Konsistenz eines Migranten liegt in der Geschichte seines Leichnams. Die Dokumente und Zeugnisse seines Todes nehmen dem Immigranten die gleichsam die "Totenmaske" ab.

Die Tendenz, die im Augenblick sichtbar wird, könnte man einen "Tod à la carte" nennen. Der Tod in der Migration erfährt zwar neuerlich Anerkennung, aber er dient doch eher den Lebenden als den Toten. Es geht ein Riß durch die Familien: Da sind die Eltern und Alte der ersten Generation, die noch im Heimatland geboren sind, dort ihre Kinder, die hier im Gastland geboren sind. Jedes Familienmitglied kann um das Verlorene (das Heimatland) auf unterschiedliche Weise trauern. Eine der Möglichkeiten dieser Trauer ist die Beisetzung der Totgeburten im Gastland.

Die zwei Körper des Migranten: zwischen Abstoßung und Anziehung

Der Bestattungsort ist die letzte Etappe der Migration. Für den Migranten steht der Übergang vom Leben zum Tod in einem radikalen Gegensatz zu der herrschenden französischen Auffassung von einem solchen Schritt. Das Aufgehen in einer kollektiven Erinnerung, wie es die französische Gesellschaft betreibt, und die Prädominanz einer geographischen Verbundenheit, einer vielschichtigen Treue zur Erde der Vorfahren, zum Land der Geburt und zum Territorium des Islam stehen hier einander gegenüber.[1]

Die Tatsache, daß die sterblichen Überreste der ersten Migrantengeneration systematisch in ihre Heimat überführt worden sind, bietet den Maßstab, um die Bedeutung des Verlustes für die Familie im Heimatland zu ermessen. Tatsächlich findet so letzten Endes die Liquidierung einer Migrationslaufbahn statt, indem man sie auf das Sterbegeld, die persönlichen Besitztümer und alle Phantasiegebilde, die sich um den Tod in der Fremde ranken, reduziert. Es geschieht Vermögensaneignung mit Hilfe einer Generalvollmacht.

Die Rückkehr der sterblichen Überreste des Migranten knüpft ein soziales Band, das einer Bankrotterklärung der Migrationsökonomie gleichkommt. Die Überführung des Sarges ist eine totale soziale Verkettung und bedeutet somit weit mehr als nur kulturelle Zugehörigkeit.

Die Anziehungskraft der sterblichen Hülle ist Bestandteil einer Ökonomie des Migrationsraumes. Der Tod ist eine Gelegenheit, dem Migranten den richtigen, den wahren Ort zuzuweisen, den er vor mehr als einer Generation aufs Spiel gesetzt hat. Ob auf den Beinen oder im Sarg liegend, wichtig ist, daß er an den Ort zurückkommt, der stärker ist als das, was ihn einmal dort herausgerissen hat.

Das Ritual der Rückkehr in die Heimaterde verschwindet in einem Modell der Zirkulation des Leichnams als Ware. Es stellt eine Enteignung des Migrantenkörpers dar, die von der Zirkulation der sterblichen Hülle nicht zu trennen ist. Die Familie im Heimatland erhebt Anspruch auf die Bestattung, um aus ihr eine gleichsam "ontologische Aufwertung" zu machen. Mit ihrer Forderung sichert sich die Familie zugleich das Vorrecht auf das schmückende Beiwerk, das aus seinen Besitztümern und seiner persönlichen Habe besteht.

Durch die Überführung der sterblichen Überreste wird der tote Migrant in "zwei Körper" aufgeteilt: in einen biologischen Körper im Verwesungsprozeß, der durch den Sarg "vergegenständlicht" wird, und einen ökonomischen Körper, der als Hab und Gut von der Familie vereinnahmt wird. Es ist, als ob sich die Familie dabei auf ein Element der Theorie von den zwei Körpern beruft: "Wie der König, stirbt auch der Migrant niemals." Hinter der Hypothese von den zwei Körpern des Migranten verbirgt sich die Problematik der geographischen Zugehörigkeit. Tatsächlich ist die Logik der Kräfte, mit der die sterblichen Überreste aus dem Gastland entfernt werden, körperlicher Art. Der "natürliche" Körper wird in die ihm "natürlichste" Umgebung abgestoßen: in das Land der Geburt. Die Logik der Anziehungskräfte, die das Begräbnis für sich beansprucht, ist korporativ. Sie fordert die Reintegration der sterblichen Überreste in das Heimatland; anders gesagt, sie reklamiert den ökonomischen und den sozialen Körper und damit das persönliche Hab und Gut des Verstorbenen.

Die Theorie von den zwei Körpern, auf die hier vorsichtig Bezug genommen wird, geht auf Ernst Kantorowicz zurück; er bezieht sich dabei auf den historischen Kontext des französischen Mittelalters. Dort ruhte der Leichnam des Königs, sein natürlicher, sterblicher und sichtbarer Körper, in einem Bleisarg verborgen, der wiederum in einen Holzsarg eingefügt war. Der politische Körper des Königs, normalerweise unsichtbar, wurde anläßlich seines Todes mit Hilfe eines Abbildes und bekleidet mit allen Insignien seiner Macht, gut sichtbar ausgestellt. Auf ähnliche Weise stellen sich die sterblichen Überreste des Migranten dar: als unsichtbarer natürlicher Körper (im Sarg) und als sichtbarer ökonomischer Körper.

Kantorowicz erklärt den Ursprung der beiden französischen Aussprüche "Der König stirbt niemals" und "Der König ist tot! Es lebe der König!":

> "Kaum jemals hat man sich mit diesen berühmten Aussprüchen, wie sie in Frankreich seit dem 16. Jahrhundert geläufig sind, auseinandergesetzt. Die erste Formulierung stammt in direkter Linie von der juridischen Maxime des *Dignitas non moritur* und damit dem Dekret *Quoniam abbas* von Papst Alexander. Mit anderen Worten, diese Redeweise war nie etwas anderes als eine Deformation korporatistischer Doktrinen, wie wir sie von den Kanonikern und dem Bürgertum des Mittelalters kennen. Der Grund, warum man sich mit der Herkunft dieser Redeweise niemals auseinandergesetzt hat, mag mit der trügerischen Evidenz zu tun haben, mit der die juristische Maxime an die Schreie bei der Bestattung der französischen Könige in der Abtei Saint Denis gebunden war: 'Der König ist tot! Es lebe der König!'. Das ist ein Fehler, denn man hat so die juristische und die dynastische Kontinuität miteinander vermischt."[2]

Der Tod des Migranten fügt sich vollkommen diesen beiden Redensarten. Die eine gilt für das Land seiner Herkunft, die andere für das Gastland. Indem die sterblichen Überreste des Migranten mit dem Motto "Der Migrant ist tot! Es lebe die Migration!" in das Heimatland überführt werden, bekräftigt die Umgebung des Migranten nochmals das Credo der Migration. Die Kollekte, mit der die Unkosten für die Überführung bestritten werden, ist ein Triumph über den Tod. Die Mobilisierung der Gemeinde hat dabei eine ethische Bedeutung: Respekt für den Toten. Für sie ist der Tod in der Migration Vorbote eines Unglücks, das es zu verhüten gilt.

Für die Herkunftsfamilie hingegen gilt das Motto "Der Migrant stirbt niemals". Die ökonomische Kontinuität der sterblichen Überreste, die an die

Person gebundenen Leistungsansprüche, ist das schmückende Beiwerk des Todes. Mit Hilfe eines juristischen Streits treibt man die Rechte des toten Migranten ein, und die Zahlung von Abfindungen und Schadensersatz kommt einem Triumph über den Tod gleich: Sie bedeutet auch die Liquidierung seiner Nachfolge. Die Mobilisierung der Familie mittels Bevollmächtigung des Konsulats ist juristischer Art: Respekt vor den Rechten des Toten. Für die Familie kann der Tod des Migranten nur Rechte schaffen.

Und eines Tages, ohne daß man weiß weshalb oder wie, fängt man nachzudenken: "Wenn der Migrant tot ist...". Dieser Satz bricht für einen Augenblick in den ruhigen Alltag der Migration ein. Was für ein Gedanke! In der Folge drängt sich dieser Gedanke mit wachsender Kraft auf. Die Überführungen sterblicher Überreste in das Heimatland wiederholen sich, und man beginnt, die Umstände zu recherchieren, die diesen Ereignissen vorausgegangen sind oder sie begleitet haben.

Die Körper der Totgeburten: Zwischen Vergessen und Erinnern

Das ist die Ethik der Migration. Sie macht erst vor den Grenzen der Geburt und der Nichtrückkehr der Totgeburten halt. Ein totgeborenes Kind, das nicht in seine Heimat überführt wird, das dort kein Grab als Symbol der Rückkehr bekommt, ist das nicht wie eine Verhöhnung seiner Existenz? Es geht hier um die Frage nach der Herkunft.

Diese Frage wird längst bei der Erforschung sozialer Bereiche gestellt. Sie taucht immer dann auf, wenn es um Migration, Verpflanzung, Entwurzelung, Akkulturation, Assimilation oder Integration geht. Sie sollte aber auch unter historischem, demographischem und soziologischem Aspekt behandelt werden. Gerade bei der Erörterung der hohen Kindersterblichkeit in der Migration spielt sie eine wichtige Rolle. Warum nehmen die Familien der ersten Generation ein solches Unglück in Kauf?

Zwei Gesellschaften, zwei Sprachen - in diesem Dazwischen sind die Eltern bei der Geburt eines Kindes gefangen. Es ist dies ein widersprüchliches Kräftespiel, das manchmal tödlich ist: Dem Körper des zur Welt kommenden Kindes wird der Zusammenprall der beiden Orte, das Hier und das Dort, wie ein Stigma aufgeprägt. Die Geburt ist für die Frau in der Migration ein besonders schwieriges Ereignis, denn es findet gleichzeitig mit einer kulturellen Verpflanzung statt. Mit dem neugeborenen Kind erreicht der Verlust des Objektes, nämlich des "Mutter-Landes", im wörtlichen wie im metaphorischen Sinn seinen Höhepunkt.

Ein islamischer Friedhof in Berlin zeigt, daß Totgeburten in der Migration häufig sind und deren Bestattung am Ort zunimmt. Dies verweist auf ein Ereignis von hoher symbolischer Bedeutung, deren unmittelbare und langfristige Folgen für die Ansiedlung der Migrationsbevölkerung untersucht werden sollten. Tatsächlich scheint sich die Häufigkeit von Totgeburten durch die kurzfristige Integration übermäßig zu entwickeln.[...]

Wem gehören die Produkte der Empfängnis? Gehören sie der Frau oder der pharmazeutischen Industrie? Die Beantwortung dieser Frage ist unter verschiedenen Gesichtspunkten interessant. Heutzutage weiß man um den Nutzen u.a. der Plazenta bei der Herstellung bestimmter Medikamente und kosmetischer Produkte. Die Frage nach ihrem juristischen Status stellt sich.

Was geschieht mit den Totgeburten? Müssen sie in das Herkunftsland überführt werden? Gerade für sie ist der Bestattungsort von besonderer Bedeutung, denn dieser Ort kann der Totgeburt eine Zukunft *post mortem* versprechen. Eine Generationsfolge ohne den tot zur Welt Gekommenen läßt sich nicht ohne Schuldgefühle herstellen. Geht man den Spuren einer Totgeburt innerhalb der Familie nach, stellt man fest, daß sein Schicksal an dem Projekt der Migration keinen Anteil hat.

Der Tod eines Neugeborenen wird immer als sehr schmerzhaft empfunden, und die Abwesenheit von Trauer sagt nichts über das Ausmaß des Verlustes. Wenn der Körper der Totgeburt nicht nach dem Tod zurückkehrt, wenn er die Bindung zu seinem Herkunftsland verliert, also zu einem in Europa geborenen "Objekt", zu einem "französischen (oder deutschen) Produkt" wird, dann wird er in der Tat zu einem "Un-Ding" - und zwar radikal. Das hastige Begräbnis der Totgeburten auf dem Friedhof des Krankenhauses zeigt die ganze Problematik, die eine Geburt im Exil für einen Mythos der Heimaterde bedeutet.

An diesem Mythos hat selbst die Plazenta teil. Es gibt zahlreiche afrikanische Länder, die die Plazenta in das Herkunftsland überführen. Sie gilt als das, aus der das Leben hervorgegangen ist, und es wäre gefährlich, sie irgendwohin zu werfen. Es gilt zudem als erstrebenswert, später neben der eigenen Plazenta begraben zu werden. In der Türkei wurden Plazenten von Kindern, die durch eine schwere Geburt zur Welt kamen, verbrannt: Je höher das Feuer aufloderte, um so mehr Lebensenergie wurde dabei abgegeben. Andere Plazenten wurden z.B. neben der Schulmauer begraben, wenn man wollte, daß das Kind später studiert.

Die Totgeburten: ein unbekannter Aspekt der Überführung

Im Jahre 1992 erhielten wir bei einem Besuch des marokkanischeen Außenministeriums und der staatlichen Krankenkasse Marokkos einen Einblick in Statistiken von Marokkanern, die im Ausland gestorben und nach Marokko zurückgebracht worden waren. 1987 wurden 1337 Überführungen registriert, 1991 waren es schon 1952; das entspricht einer Wachstumsrate von jährlich zehn Prozent. [...]

Die marokkanische Banque Chaabi ließ sich 1971 in Frankreich nieder und errichtete ein Netz von Zweigstellen. Sie bietet den dort ansässigen Marokkanern eine Sterbeversicherung für den Mitgliedsbeitrag von 80 Francs (Kinder 65 Francs) im Jahr an. Wenn ein Mitglied stirbt, übernimmt die Bank die Verantwortung für die Überführung und zahlt den Erben zum Ausgleich des Kontos das Doppelte aus. Die Überführung wird für 50 bis 75 Prozent der in Frankreich Verstorbenen in Anspruch genommen. 1988 übernahm die staatliche Krankenkasse Marokkos die Verträge mit 700 000 Kunden der Banque Chaabi. Sie führte 1990 1139 Transporte (bei einer Zahl von insgesamt 1668 Auslandstoten) und 1991 1178 (bei 1952 Toten) durch. Die Leistung gilt sowohl für die in Frankreich lebenden Marrokaner als auch für marokkanische Touristen. Allerdings bemerkte der Direktor, es gäbe ein schlechtes Image, wenn die Kasse zu sehr den Akzent auf diese Überführungen legen würde.

Die Statistik der staatlichen Versicherung gibt Rätsel auf. Laut Aussage der Verantwortlichen soll die Zahl der Totgeburten bei 200 bis 300 liegen. Ein Familienvater hatte sogar den Sarg seines totgeborenen Sohnes persönlich nach Marokko gebracht, dann dort aber auf dem Flughafen stehen lassen, ohne eine Adresse anzugeben. Die Kasse mußte mit der Familie Kontakt aufnehmen, um die Genehmigung zu bekommen, den Sarg aus dem Zoll holen.

Alle Religionen sind mit dem Problem konfrontiert, was aus der Seele des ungetauften toten Kindes wird, und suchen nach Lösungen, um ihr ewiges Umherirren zu vermeiden:

> "Es gab Heiligtümer, wo Eltern ihr totes Kind unterbrachten, damit es 'Aufschub' bekommen würde. Das Kind schien ihnen dort für einen Augenblick wieder zum Leben zu kommen, was die Taufe ermöglichte, und konnte so doch noch in Frieden schlafen."[3]

Für die maghrebinische Bevölkerung in Frankreich ist das rituelle Begräbnis der Plazenta oder der Totgeburt ein bedeutungsvoller Moment der Trennung vom Kind: In diesem Augenblick wird die territoriale Einschreibung des Säuglings vorgenommen. Zeugnisse von maghrebinischen Frauen, die in Frankreich leben, unterstreichen die Verbindung der Plazenta mit der Erde des "Mutterlandes":

> "Die Plazenten der ältesten vier Kinder von Aïcha wurden in dem Land, in dem sie selber verwurzelt war, vergraben. Die sieben nächsten gingen irgendwo in Frankreich verloren. Die vier Ältesten heirateten in Marokko ein Mädchen aus ihrem Heimatort, Oujda. Alle ihre Bindungen befinden sich auf der anderen Seite des Mittelmeeres... Von Alinas Kindern, die in Frankreich geboren wurden, gingen die Plazenten auf der Entbindungsstation von Croix-Rousse verloren. Sich vorzustellen, daß sie in Gesichtscreme verarbeitet wurden, bereitet ihr kein besonderes Vergnügen."[4]

Das Schicksal der Plazenten ist Objekt eines lebendig gehaltenen Glaubens. Die traditionelle türkische Großmutter hat schon seit Jahrtausenden, noch bevor die Nabelschnur durchgetrennt wurde, das Feuer geschürt, um die Plazenta darin zu verbrennen. Eine Plazenta soll dort vergraben werden, wo niemand darauf treten kann, unter der Mauer einer großen Schule zum Beispiel, damit der Enkel ein Gelehrter wird. Auch soll man sie so tief wie möglich vergraben, damit die Hunde sie nicht wieder ausgraben und die Milch für den Säugling versiegen könnte.

Der Tod dieser Kinder verdient unsere Aufmerksamkeit. Der Schmerz um sie ist aufs engste verbunden mit dem Platz, der den Eltern in der ursprünglichen Familienstruktur zugewiesen wurde. Dieses Wissen wirft ein grelles Licht auf die Praktik der Nichtüberführung von Totgeburten. Der Fall eines Friedhofes für Migrantenkinder in Berlin ermöglicht eine erste Standortbestimmung bei der Verwaltung des Todes in der Migration.

Berlin: ein Begräbnisort für Kinder

Auf der islamischen Abteilung des Landschaftsfriedhofs in Berlin-Gatow liegen mehr als 20 Nationalitäten begraben. Die unterschiedliche Herkunft der Toten läßt auf mannigfaltige Verbindungen mit den Ursprungsländern schließen. Für neue Migranten ist die Verbundenheit mit dem Herkunftsland ausgeprägter und zweifellos auch undurchsichtiger, als dies bei den Migranten der Fall ist, die bereits verwurzelt. Die islamische Abteilung wurde 1988 geschaffen. Von den insgesamt 398 Toten, die hier beerdigt sind, wurden 255 in Berlin geboren und 136 im Ausland. Die Statistik zeigt, daß die große Mehrheit der Toten, nämlich 236, zur Altersgruppe von 0 bis 2 Jahren gehört. Die Hälfte von ihnen starb im Alter von 18 Monaten (vgl. Anhang, S. 159).

Es sind also vor allem Migrantenkinder, die, statt ins Herkunftsland rücküberführt zu werden, auf diesem Friedhof begraben liegen. Die Symbolik, die aus dieser Entscheidung spricht, wirft die Frage nach dem kulturellen Band mit dem Herkunftsland auf. Warum sind auf diesem Berliner Friedhof soviele Totgeborene beerdigt? Hiermit ist die Frage nach der Bewertung des Geburtsortes und nach dem Fluch verbunden, der auf einem Tod in der Fremde lastet. Das tote Migrantenkind, vor allem das totgeborene und die Fehlgeburt, ist Objekt oder Anlaß für die Trauer um das Herkunftsland. Das Kind der Entwurzelung (l'enfant de déplacement), das ist die Hypothese, ist eine Art Äquivalent für das Ersatzkind (l'enfant de remplacement).

Das (in der Migration geborene) Kind der Entwurzelung ist das Kind, das gezeugt wurde, nachdem die Eltern die Heimat verlassen hatten; es kann nicht zurückgebracht werden. Das Schicksal eines solchen Kindes birgt ein doppeltes Paradoxon: Um die Liebe des Heimatlandes zu erhaschen, neigt es dazu, in jener für die idealisierte Heimat einen Rivalen zu sehen. Gelingt es ihm, sie zu gewinnen, was voraussetzt, das es überlebt, dann fürchtet es, das unselige Schicksal der Eltern, nämlich ihre Zerrissenheit, teilen zu müssen. Als Geburtsort der Eltern, jedoch Nicht-Geburtsort der Kinder, nimmt das Herkunftsland einen großen Platz in den Gesprächen ein. Je mehr sie davon reden, um so mehr lieben sie es. Das Herkunftsland, vor allem aber der Herkunftsort, geistern durch die Aufzählung der großen Städte, von denen Migrantenkinder so gern träumen, vor allem dann, wenn sie weit entfernt davon sind.

Zwischen dem Begräbnis hier oder dort liegt ein beträchtlicher Unterschied. Der Tod einer Frühgeburt kann im buchstäblichen wie im metaphorischen Sinn den Verlust des Herkunftslandes reaktivieren; er verweist auf die Notwendigkeit, sich ein Minimum an genealogischer Kontinuität zu sichern. Ob nun als Inhaber eines Familiennamens oder als Träger einer Regionalgeschichte, Immigranten leisten einer Ausdehnung der genealogischen Funktion Vorschub, indem sie diese um die ihres Herkunftslandes erweitern. Eine schmerzliche Irrfahrt ist die Folge, welche sich in der Zunahme vor allem der Fehl- und Totgeburten ausdrückt. Diese Situation, in der Kinder vor ihrer Geburt sterben, scheint vorwiegend mit dem Exil verknüpft zu sein und nicht mit der symbolischen Abstammung vom Herkunftsland. Zwischen diesem Geburtsort und dem Herkunftsort läßt sich keine Verbindung mehr herstellen. Das Begräbnis am Ort ohne jede transitorische Funktion für die Ursprungsfamilie bedeutet für die Eltern ein schreckliches Scheitern. Es findet in aller Heimlichkeit statt.

Sowohl die maghrebinischen als auch die türkischen Migranten führen im Falle einer Totgeburt immer seltener eine Überführung durch. Dies hat auch einen ökonomischen Grund, hauptsächlich jedoch einen symbolischen, nämlich den, daß die Rückkehr einer Totgeburt ein doppeltes Fernbleiben aufdecken würde: reine Abwesenheit vom Ursprungsort und unreine Anwesenheit, insofern sich das Totgeborene im Niemandsland befindet; es gehört weder hier- noch dorthin.

Nach der christlichen Lehre soll das ungetaufte totgeborene Kind, dessen einziger Fehler die Erbsünde ist, keine körperliche Strafe, etwa die der Hölle, sondern die fortgesetzte Entbehrung jeglicher Anschauung Gottes erleiden. Muslime in der Migration werden von Verfluchungen heimgesucht. Man betrachtet das totgeborene Kind als Opfer verstörter Geister, als Störenfried des Rückkehrmythos. Mit der hastigen Beerdigung auf dem Terrain des Krankenhauses oder dem benachbarten Friedhof soll dieser offensichtlich unglückbringende Zustand beendet werden.

So scheint der Rückkehrwunsch als letzter Traum alle Widersprüche der Migration in sich zu vereinen. Er wird ebenfalls sichtbar in der andauernden Verdrängung des Todes im Exil, indem man sich über das Kind beklagt, das am Ort "erzeugt" wurde und das nun nicht mehr von den Träumen und Wünschen der Eltern zeugen kann. Es entspricht nicht dem Urbild der Geburt im

Herkunftsland, in das die Geburt der Eltern eingeschrieben war. Dieses Totgeborene in der Migration ist ein Kind der Entwurzelung, das den nostalgischen Blick auf das Herkunftsland in aller Schönheit und Echtheit hätte verkörpern können. In die unerhörte Anwesenheit des Kindes, das in der Migration geboren wurde, drängt sich das strahlende Bild vom Herkunftsland, vom wunderschönen Kind, die Erscheinung einer familiären Ordnung und einer noch stärkeren sozialen Vernunft. Ob nun in der Migration unauffindbar oder verloren gegangen, ermutigt diese Konstellation die Eltern, den geographischen Raum wiederzufinden; dies geschieht in einer letzten Reise *post mortem*, der Route der Toten zwischen Berlin und Istanbul.

Eine Reise im Land von Kemal: die Route der Toten

Von den 4,5 Milionen Ausländern, die in Deutschland leben, sind etwa 35 Prozent Türken. Nach einem Bericht des Office pour les Migrations Internationales lebten 1990 ca. 200 000 Türken in Frankreich, davon 90 Prozent in den Departements Elsaß-Lothringen, Franche-Comté, Ile-de-France und Rhône-Alpes.[5] Die Art der Beziehungen zwischen der Türkei und den Türken, die außerhalb ihres Landes leben, gibt Auskunft über den *Turkish way of life and death*. So bestätigt die Zentralisierung der Überführung von sterblichen Überresten durch ein türkisches Begräbnisunternehmen in Deutschland die Hypothese von einer *post mortem* Verbundenheit mit dem Herkunftsland.

In Deutschland gibt es inzwischen 15 türkische Begräbnisunternehmen. Ihre finanzielle Stabilität erlaubt es ihnen, millionenfach in der (türkischen) Presse zu inserieren. In diesen Inseraten findet man Angebote für Überführungen, die im Vergleich mit einem Begräbnis am Ort ausgesprochen billig sind. In einem Bericht der Wochenzeitung "Die Zeit" heißt es dazu: "Die Überführung in die Türkei ist immer noch billiger als eine Bestattung in Deutschland - selbst wenn, wie üblich, Familienmitglieder mitfliegen."[6] Der Preis einer Überführung von Berlin nach Ankara beträgt demnach nur 1331,44 DM - im Billigangebot, versteht sich. Die Fluggesellschaften berechnen das Doppelte, etwa 10 DM pro Kilogramm. Auf jedem Linienflug in die Türkei befindet sich regelmäßig ein Sarg zwischen dem Gepäck. Einem dazu befragten Begräbnisunternehmer zufolge sterben allein im Rhein-Ruhrgebiet jährlich dreitausend Muslime verschiedener Nationalitäten sterben.

Die Mehrheit der toten Türken wird in die Türkei überführt und nur 20 Prozent werden am Ort begraben. Das Begräbnis in Deutschland geschieht aus materiellen Gründen, soweit es Sozialhilfeempfänger und Personen ohne Einkommen betrifft, oder aber aufgrund persönlicher Entscheidungen.

Zu beachten ist, daß die Statistik eine relativ hohe Zahl von Frauen aufführt. Der Grund dafür ist in dem hohen Personenaustausch innerhalb einer

Familie zu suchen: Frauen kommen häufig für kurze Zeit nach Deutschland, um die Versorgung der Männer zu gewährleisten.

Im Augenblick gibt es keinen selbstverwalteten islamischen Friedhof in Deutschland. Nur die 1798 von König Friedrich Wilhelm III. beim Tod des osmanischen Gesandten ʿAlī ʿAzīz Efendi gestiftete historische Begräbnisstätte in Berlin befindet sich seit 1866 in türkischer Hand; manche betrachten sie als Symbol der türkisch-deutschen Freundschaft.[7] Sie wird indessen nicht mehr für Begräbnisse genutzt.

Den türkisch-islamischen Organisationen in der Bundesrepublik ist es jedoch gelungen, sich allmählich das Recht zu erwerben, nach islamischem Ritus zu bestatten. Das Resultat ist eine Reihe von neu eingerichteten islamischen Abteilungen auf öffentlichen Friedhöfen, wie z.B. Hamburg, Münster und Aachen.[8] Sie sind ein sichtbarer Ausdruck für die wachsende Stabilisierung der türkischen Gemeinschaft. Nachdem die Hamburger Stadtverwaltung das Begräbnis im "offenen" Sarg, also ohne Sargdeckel, genehmigt hatte, erlaubte Aachen auf Druck der türkisch-islamischen Organisationen als erste deutsche Stadt das Begräbnis ohne Sarg.

Tabelle: **Überführungen in die Türkei**

Jahr	1980	1981	1982	1983	1984	1985	1986
Baden-Würtemberg	364	357	335	312	259	215	226
Bayern	296	279	389	208	215	173	219
Berlin (West)	0	158	136	130	130	111	-
Bremen	30	40	29	36	31	30	22
Hamburg	65	86	66	66	56	63	46
Hessen	181	181	169	180	142	140	137
Niedersachsen	165	155	146	125	120	106	84
Rheinland	81	73	75	58	71	53	59
Saarland	7	10	11	4	3	7	15
Schleswig-Holstein	46	48	63	36	46	29	26
davon Männer	695	746	745	621	685	510	4566
Frauen	322	410	365	314	279	240	204
Insgesamt	1235	1387	1319	1155	1073	927	834

Daraus könnte der Eindruck entstehen, daß das Zeitalter der Überführungen sich dem Ende zuneigt und den Forderungen nach islamischen Friedhöfen und Begräbnissen am Ort Platz macht.[9]

Das Gegenteil jedoch ist wahr. In der Tat entsteht beim Tod eines türkischen Migranten eine gemeinsame, sich spontan manifestierende Identität des Neuanfangs. In seiner Leichenrede für Kemal Özgül, Arbeiter in einem Bauunternehmen in Yvelines, sagte der Generalsekretär der CGT, Henri Krasucki, 1984:

> "In der Person von Kemal grüßen wir unter Schmerzen gleichermaßen den jungen Mann, der in der Blüte seiner Jugend das Leben ließ, den Arbeiter und vielversprechenden Kämpfer der CGT, den türkischen und kurdischen Demokraten. Damit sein Tod nicht umsonst war, werden wir die Einheit von französischen und eingewanderten Arbeitern verstärken und zur Geschlossenheit bei der Verteidigung der Rechte der Arbeiter aufrufen."[10]

Eine Delegation begleitete Kemal zu seinem Geburtsort in Kurdistan, im östlichen Anatolien; sie nahm denselben Flug, mit dem auch seine sterblichen Überreste transportiert wurden. Die Reise verlief nicht ohne Probleme:

> "Abgesehen von den Schwierigkeiten, die ihn sein Land fliehen und in Frankreich Asyl beantragen ließen, vereinte Kemal Özgül in seiner Person alle Nachteile: Er war Gewerkschafter, Kommunist [...] und Kurde... Kurioserweise hielten die türkische Behörden zuallererst Kemals Leichnam für 24 Stunden zurück, um eine Gegenautopsie zu machen."[11]

Die Bedeutung, die der Rückkehr in das Land der Geburt beigemessen wird, macht folgende Geschichte deutlich. In seinem Roman "Europastraße 5" erzählt Güney Dal, wie ein gewisser Salim den Leichnam seines Vaters, der zur medizinischen Behandlung illegal nach Deutschland gekommen war, in die Türkei zurückschafft. Unter dem Vorwand, er müsse in der Türkei seinen sterbenskranken Vater besuchen, nimmt Salim eine Woche Urlaub. Er entschließt sich, die Überführung auf dem Landweg vorzunehmen, einer Strecke von gut 2000 Kilometern. Unterwegs trifft er Landsleute aus allen Schichten und mit unterschiedlichsten Schicksalen, Drogenhändler, Arbeiter, Intellektuelle und junge Leute, die besser Deutsch als ihre Muttersprache sprechen. Infolge des fortschreitenden Verwesungsprozesses der Leiche kommt aus dem Kofferraum des Autos allmählich ein übler Geruch, den Salim und sein Begleiter zunächst verdrängen; andere Reisende könnten denken, so beruhigen sie sich, daß sie verderbliche Eßwaren transportieren. Trotz dieser Widrigkeit kommen sie unbehelligt ans Ziel. Dort stellt sich heraus, daß Salim den Toten in einem Fernsehkarton transportiert hat, von dem er annimmt, daß er von seinen Landsleuten in Deutschland hergestellt worden ist. Als man ihm vorwurfsvoll fragt, warum er den Leichnam seines Vater in einem derartigen

Gegenstand ohne Wert befördert habe, der außerdem von "ungläubigen Ausländern" worden sei, entgegnet er entschuldigend, daß doch zumindest das Fernsehgerät, das der Karton enthalten hatte, von türkischen Landsleuten angefertigt worden wäre.[12]

(Übersetzung Johanna Wördemann und Gerdien Jonker)

Anmerkungen

1 Yassine Chaïb, L'Islam et la mort en France, Thèse Nouveau Régime, Université d'Aix-Marseille, Institut d'Etudes Politiques, 1992 (unveröff. Diss.).
2 Ernst Kantorowicz, Die Zwei Körper des Königs. Eine Studie zur politischen Theologie des Mittelalters, Stuttgart 1992, S. 305; vgl. Jacques Saint-Germain, La seconde mort des rois de France, Paris 1971; Alain Boureau, Le simple corps du roi. L'impossible sacralité des souverains français du XV au XVII siècle, Paris 1988.
3 A. Bizot/D. David/C.-L. Millot/A. M. Robert, Diagnostic prénatal et dieul. In: Revue de médicine psychosomatique, Toulouse (1989) 17-18, S. 163-164.
4 Françoise Mozzo-Counil, Femmes Maghrébines en France, Lyon 1987, S. 98.
5 Pierre Lanier, Les nouveaux visages de l'immigration, Lyon 1991, S. 64.
6 Rainer Finne, Wohin mit den toten Gastarbeitern. In: Die Zeit, Hamburg, 5.3.1993, S. 44.
7 Hamit Iskender, Berlin-Türk Şehîdliği, Istanbul 1989, S. 368. Vgl. ansonsten den Beitrag von Gerhard Höpp in diesem Band.
8 Vgl. den Beitrag von Gesa Kokkelink in diesem Band.
9 Hans-Kurt Boehlke, Zur Errichtung islamischer Friedhöfe in der Bundesrepublik Deutschland. Stellungnahme der Arbeitsgemeinschaft Friedhof und Denkmal. In: Das Gartenamt, Hannover-Berlin 31 (1982), S. 612-613.
10 Allocution d'Henri Krasucki aux obséques du camarade Kemal Özgül. In: Hommes et Migrations, Paris (1985) 1077, S. 29.
11 Jean Benoit, Voyage au pays de Kemal Özgül. In: Le Monde, Paris, 2.12.1984.
12 Vgl. Güney Dal, Europastrasse 5, München-Zürich 1990, S. 42-43, 247, 255.

Anhang
Fakten zum islamischen Friedhof in Berlin

1. Soziale Fakten
(Quelle: Friedhofsregister)

- 145 Personen wurden mit Hilfe des Sozialamtes bestattet
- 54 Totgeburten, davon 26 Mädchen, 21 Jungen und 7 unbestimmten Geschlechts
- 25 Frühgeburten

2. Aufteilung nach Nationalität
(Quelle: Friedhofsregister)

Von den insgesamt 398 hier bestatteten Personen wurden

- 255 in Berlin geboren, davon 7 ohne Dokument
- 136 im Ausland geboren

3. Aufteilung nach Altersklassen

Altersklasse (in Jahren)	Friedhofsregister	eigene Statistik
0-2	135 (+ 62 Totgeburten)	236 (davon 173 Tote unter 0)
3-5	13	9
6-14	3	4
15-20	4	7
21-40	45	50
41-60	53	55
61-80	30	33
81-91	3	4
Insgesamt	**336**	**398**

4. Statistische Fakten

Das Durchschnittsalter der Verstorbenen ist 18 Monate, mit einer Standardabweichung von 25 Monaten, die sich durch die starke Präsenz von Toten im Alter von 0 Monaten erklären läßt.

Die Verteilung nach Jahren ist wie folgt:

Sterbejahr	1988	1989	1990	1991	1992	1993	1994
Anzahl	0	0	4	88	85	132	74

Nachweis der Abbildungen

Abb. 1 und 2: Geheimes Staatsarchiv Preußischer Kulturbesitz, Berlin

Abb. 3: Der Bär, Berlin 1 (1875) 13, S. 125

Abb. 4, 11, 12, 15, 16: Brigitte Braune, Berlin/Forschungsschwerpunkt Moderner Orient, Berlin

Abb. 5 und 32: Landesbildstelle Berlin

Abb. 6 und 14: Die Woche, Berlin (1921) 13, S. 292, und (1924) 12, S. 290

Abb. 7: Šakīb Arslān, Sīra ḏātīya, Beirut 1969

Abb. 8 und 9: Liwā al-Islām, Berlin 2 (1922) 9-10, S. 32

Abb. 10: Berliner Illustrierte Zeitung, (1922) 19, S. 368

Abb. 13: Die Große Berliner Illustrierte, (1922) 34

Abb. 17: Walter Hummelberger, Die Türkenbeute im historischen Museum der Stadt Wien. Das 17. Jahrhundert, Kopenhagen 1969, S. 86f.

Abb. 18: Lemgoer Hefte, 3 (1980) 12

Abb. 19: Hassan Haacke, Berlin

Abb. 20 u. 21: Andreas Lange, Berlin

Abb. 22: Friedrich Linde, Dresden

Abb. 23: Erlanger Nachrichten, 6. Februar 1992

Abb. 24: Osnabrücker Volkszeitung, 24. November 1932

Abb. 25, 28-31, 33-38: Gesa Kokkelink, Berlin

Abb. 26: Landeshauptstadt Düsseldorf

Abb. 27: Arbeitsgemeinschaft Friedhof und Denkmal, Kassel 1994

Die Herausgeber danken herzlich dem Geheimen Staatsarchiv und der Landesbildstelle Berlin für die Veröffentlichungsgenehmigungen sowie Frau Kokkelink und den Herren Haacke, Lange und Linde dafür, daß sie ihr Bildmaterial zur Verfügung stellten.

Bei Fragen zur Produktsicherheit wenden Sie sich bitte an:
If you have any questions regarding product safety,
please contact:

Walter de Gruyter GmbH
Genthiner Straße 13
10785 Berlin
productsafety@degruyterbrill.com